Dietmar Mitschke

Blaues Land

Wo Bayern die Künstler inspirierte

nymphenburger

Bildnachweis:
S. 5, Franz Marc, Hocken im Schnee,
Franz-Marc-Museum in Kochel
S. 7, Wassily Kandinsky, Kirche in Murnau,
Städtische Galerie im Lenbachhaus München
© VG Bild-Kunst, Bonn 1993
S. 20, Gabriele Münter, Das Russenhaus in Murnau,
Städtische Galerie im Lenbachhaus München
© VG Bild-Kunst, Bonn 1993
S. 51, Franz Marc, Die kleinen gelben Pferde,
Staatsgalerie Stuttgart

2. Auflage 2000
Limitierte Sonderausgabe

(unter Verwendung von Texten aus *Werdenfelser Land*
von Ilka von Vignau, © 1984)

Schutzumschlag: Wolfgang Heinzel
Schutzumschlagfoto: Blick über den Riegsee und Murnau
auf das Wettersteinmassiv mit der Zugspitze,
© Dietmar Mitschke.

Vorsatzkarte: Christel Aumann, München
Herstellung: Anja Schüssler/Ina Hesse
Satz: Filmsatz Schröter, München
Gesetzt aus: 12/15 Else auf Linotronic
Reproduktionen: Fotolito Longo, Bozen
Druck und Binden: Amilcare Pizzi, Mailand
Printed in Italy
ISBN 3-485-00860-5

Inhalt

Vorwort

Landschaften haben ihre ganz eigene Farben, die sie ebenso unverwechselbar machen wie das Relief von Ebene, Hügel, Berg und Tal.
Maler spüren diesen Elementen nach. Cézannes Landschaften werden bestimmt von ockerfarbigen und roten Sänden der Provence, Noldes Aquarelle von den ungeheuren Wolkenhimmeln über flacher Marsch und Küste.
Moore üben auf das Auge einen besonderen Zauber aus. Hier stoßen feste auf grundlose, schwankende Böden, aus schwarzer Erde treibt im Frühjahr kräftig-grüner Bewuchs, herbstgelbes Gras legt sich auf braunen Torfabstich, und zwischen den Schatten überwachsener Tümpelränder spiegelt sich der Himmel.
So zogen Künstler nach Worpswede am Rand des Teufelsmoores, ins Dachauer Moos und in die Moränen-, Seen- und Moorlandschaft bei Murnau und Kochel. Aus traditionsverstaubten Ateliers trieb es sie hinaus in die Natur, zum Ursprünglichen, Echten, Unverstellten, das Mitte des 19. Jahrhunderts auch schon die Maler in Barbizon bei Fontainebleau gesucht hatten.
Das Voralpenland im Süden Münchens hatten natürlich auch schon frühere Maler entdeckt.

Franz Marc, »Hocken im Schnee«, 1911 in Sindelsdorf gemalt. (Franz-Marc-Museum in Kochel)

Vielerorts prägen die »Drischen«, wie hier bei Sindelsdorf, das Landschaftsbild. (Bild links)

Johann Georg von Dillis etwa (1759–1841), Carl Rottmann (1797–1850), Friedrich August von Kaulbach (1850–1920) und Lovis Corinth (1858–1925), um nur einige zu nennen.
Auch Franz Marc, 1880 in München geboren, 1916 bei Verdun gefallen, eine der Leitfiguren der Münchner Avantgarde des Jahrhundertbeginns, hatte ab 1902 gelegentlich auf der Staffelalm bei Kochel seine Studien betrieben.
1909 zog er mit seiner Frau nach Sindelsdorf und gab 1910 auch sein Münchner Atelier auf. 1914 erwarb er ein Haus in Ried bei Benediktbeuern. In Kochel hat man 1985 das Franz-Marc-Museum eingerichtet.
Was zunächst Ausflugsziel und Sommerfrische war, wurde auch für Gabriele Münter (1877–1962) und ihren zeitweiligen Lebensgefährten Wassily Kandinsky (1866–1944) zur neuen Heimat. Nicht nur der Reiz der Landschaft, sondern auch das vom Münchner Architekten Emanuel von Seidl (1856–1919) verschönerte und aus seiner Lethargie erwachende Murnau lockte, das als Fremdenverkehrsort gleichwohl seinen ländlichen Charakter bewahrt hatte.
Gabriele Münter erwarb 1909 das Haus in der Kottmüllerallee, das sie mit Kandinsky bewohnte, bis dieser 1914 als Russe Deutschland verlassen mußte. Nach dieser Trennung kam Gabriele Münter erst 1931 in dieses Haus zurück.
Wenn sich auch keine wirkliche Künstlerkolonie in Murnau und Sindelsdorf bildete, traf man sich doch untereinander und mit Gleichgesinnten: Alexej Jawlensky (1864–1941), seiner Lebensgefährtin Marianna von Werefkin (1860–1938), August Macke (1887–1914), Helmuth Macke (1891–1936) und Heinrich Campendonk (1889–1957).
Im Dezember 1911 fand die erste, Geschichte machende Ausstellung der Redaktion und Künstlergruppe »Der Blaue Reiter« in München statt. 1912 erschien der von Kandinsky und Marc herausgegebene Almanach »Der Blaue Reiter«, eine der bedeutendsten Programmschriften der modernen Kunst.
Kandinsky erinnert sich später: »Den Namen ›Der Blaue Reiter‹ erfanden wir am Kaffeetisch in der Gartenlaube in Sindelsdorf; beide liebten wir Blau, Marc – Pferde, ich – Reiter. So kam der Name von selbst.«
»Blaues Land« nannte Marc die Gegend, in der er lebte. Doch für ihn war Blau nicht nur Farbe von Berg, See, den Schatten im Schnee und der Luft, die als »Gottes blauer Atem weht« (Georg Trakl). Blau war Symbolfarbe für geistige Kraft und Transzendenz. Und das Pferd bedeutet bei Marc, ebenso wie bei Kandinsky der Reiter (oft in Gestalt des in Murnau häufig dargestellten heiligen Georg) den Sieg des Lichtes über die Mächte der Finsternis.
Es war eine visionäre Kunst, die hier geboren wurde, gespeist aus der romantischen Idee der Beseeltheit der Natur und der Hoffnung auf eine Höherentwicklung des Menschengeschlechtes durch eine aus dem Geistigen lebende Kunst.
In Farb- und Formgebung schöpfte man auch aus der Kunst der sogenannten Primitiven und aus der naiven Bildwelt der bayerischen Heimat. Man sammelte bäuerliche Gegenstände, Figuren und Bilder.
Gabriele Münter schaute dem Murnauer Hinterglasmaler Heinrich Rambold (1872–1953) die Technik ab. Ihre und Kandinskys Hinterglasbilder hängen heute in Museen. Kandinsky bemalte Möbelstücke nach Art alter Bauernmaler und schmückte die Stiegenwange im Murnauer Haus mit dem Motiv des aufwärts stürmenden Reiters.
In Murnau stand eine Wiege der Kunst des 20. Jahrhunderts. 1911 malte hier Kandinsky

sein erstes abstraktes Bild. Er und Franz Marc wollten Schönheit und Grenzen des Konkreten überschreiten.
1914 war die Zeit, in der Marc »friedlich zu einem Geistesgenossen wie Kandinsky über die Hügel pilgerte«, vorbei, und sein »Entwurf zu einer neuen Welt«, von dem er im März 1915 aus dem Feld schreibt, ging im Granatfeuer unter. Daran zu denken, vertieft das Erlebnis dieses schönen »Blauen Landes«.

Winfried Zehetmeier

Wassily Kandinsky, »Kirche in Murnau«, 1910. (Städtische Galerie im Lenbachhaus, München)

Murnau – von der Rottstation zum Künstlerort

Die Geschichte des Marktes – Rathaus, Schloß und Kirche –
Das »Russenhaus« von Gabriele Münter und Wassily Kandinsky –
Illustre Gäste: Emanuel von Seidl und Ödön von Horváth –
Das Murnauer Moos – Der Staffelsee – Froschhausen und Riegsee

Schon der erste Eindruck bei der Einfahrt durch die geschäftige Hauptstraße macht es deutlich: Durch *Murnau* führte die alte Handelsstraße, über die seit dem Mittelalter die mit Waren schwer beladenen Lastwagen rollten und wo die Fuhrleute in ihren behäbigen Bräus einkehrten. Nun ist sie als beruhigte Fußgängerzone ausgebaut, aus den ehemaligen Kramerläden in den wohlhabenden Bürgerhäusern sind Supermärkte und großzügige Fachgeschäfte geworden. Murnau ist heute ein modernes Moorkurbad mit Kurzentrum und Sanatorien, und doch ist es in seinem Kern ein geschäftiger Markt geblieben. Noch immer trägt es den Stempel seiner einstigen Bedeutung als eine der wichtigsten Rottstationen des Handels zwischen Nord und Süd.

Anstelle der alten Rottniederlage und des Kornhauses, die schon um 1322 nach Erhebung Murnaus zum »Kayserlich gefreyten Markt« durch Kaiser Ludwig den Bayern um ein Rathaus erweitert worden waren, steht an der Kreuzung der Marktstraße mit der Schloßstraße das heutige neugotische *Rathaus*. Die alten Gebäude, mehrmals durch Brände schwer beschädigt, waren schließlich so baufällig geworden, daß man sie 1842 durch den heutigen repräsentativen Bau ersetzte. Er fügt sich sehr harmonisch in das *Straßenbild* ein. Seine Fassade ist dekoriert mit einem überlebensgroß postierten Kaiser Ludwig dem Bayern, mit einem Bildnis der über einer Ansicht Murnaus nach Michael Wenings Topographie von 1701 schwebenden Schmerzensmutter und einem Reliefporträt des zu seiner Zeit berühmten Münchner Architekten Emanuel von Seidl (1856–1919). Offensichtlich spielen diese drei eine wichtige Rolle in Murnaus Geschichte.

Kaiser Ludwig (geboren 1282, 1314 in Aachen zum deutschen König gekrönt, 1328 zum römisch-deutschen Kaiser in Rom, gestorben 1347) gilt als Schutzherr des Marktes Murnau. Das auf die ehemaligen Jagdherren dieses Gebietes, die Welfen, zurückgehende Schloß soll durch ihn weiter ausgebaut worden sein. Doch vor allem war dem Kaiser daran gelegen, sein geliebtes Ettal mit Gütern auszustatten, und so schenkte er unter anderem schon bald Murnau mit allem, was zu ihm gehörte, kurzerhand und wenig »schutzherrlich« dem Kloster Ettal. Wenig

Vom Münter-Haus in Murnau eröffnet sich ein wunderschöner Blick auf das Schloß und die Kirche Sankt Nikolaus.

schutzherrlich, weil diese Schenkung zu unaufhörlichen Kompetenzstreitigkeiten zwischen Ettal und Murnau führte, die erst die Säkularisation des Klosters beendete. Murnau machte den Ettaler Pflegern, die ihren Sitz im Murnauer *Schloß* hatten, das Leben sicherlich nicht leicht. Im allgemeinen jedoch arrangierte man sich und beschränkte sich auf Proteste.

Trotzdem verdankt Murnau dem Kloster nicht wenig: die Kostbarkeit der Pfarrkirche Sankt Nikolaus und den zusätzlichen Ausbau des Schlosses, dessen imposante Gestalt im 16. Jahrhundert ein Gemälde von Hans Donauer im Antiquarium der Münchner Residenz zeigt. 1740 kam noch der Zehntstadel hinzu, der Schloßhof wurde mit einem Einfahrtstor abgeschlossen, 1744 die Westfront mit einem Bildnis Kaiser Ludwigs geschmückt.

Im Sommer 1993 konnte nach einer gründlichen Renovierung des Schlosses die Eröffnung eines Museums gefeiert werden. Schwerpunkte der hier ausgestellten Exponate sind »Der Blaue Reiter« mit Originalbildern, Zeichnungen und Graphiken sowie die Feder- und Hinterglasmalerei, für die Murnau einst berühmt war.

Auch der Aufenthalt Ödön von Horváth (1924–1933) wird in dem mit vier Stockwerken und einem Dachboden ausgebauten Museum dokumentiert.

Neben dem Schloß beherrscht und behütet die dem Fischerpatron geweihte *Pfarrkirche Sankt Nikolaus* das Bild der Gemeinde. Abt Placidus Seitz von Ettal legte 1717 den Grundstein zu diesem neuen Gotteshaus, das auf einen Filialbau des 12. Jahrhunderts der uralten Pfarrkirche auf der Insel Wörth zurückging. 1734 war die neue Kirche vollendet, erst 1743 aber wurde sie zur Pfarrkirche erhoben.

Der aus einem quadratischen Grundriß durch Eckabschrägungen entstandene, von einer Flachkuppel überdeckte, helle Achteckraum und der anschließende, sechs Stufen höher gelegene Chor bergen Werke weithin berühmter, zum Teil einheimischer Meister. In die muschelförmige Apsis des Chors fügt sich harmonisch der reiche Aufbau des Hochaltars von etwa 1730, ein Geschenk des Klosters Ettal von 1771. Seine Figuren ebenso wie die ihn flankierenden Figuren der heiligen Ulrich und Benno werden dem älteren Ägid Verhelst zugeschrieben. Das Altarbild von 1771 mit Szenen aus dem Leben des heiligen Nikolaus schuf der überall zwischen Isar und Lech und im Allgäu tätige Johann Baptist Baader. Über dem reich geschnitzten Altar schwebt in einem Rokokoschrein das Gnadenbild der Schmerzhaften Muttergottes, der »seit unfürdenklichen Zeiten« hochverehrten, wundertätigen Schützerin Murnaus.

Das *Russenhaus* blickt vom Hang über die weite Ebene auf den Kranz der Berge um das Moos. Hier lebten Wassily Kandinsky und Gabriele Münter von 1909 bis zum Ausbruch des Ersten Weltkrieges, und hier starb die Künstlerin am 19. Mai 1962.

Das Moos mit seiner Bergkulisse, der Staffelsee, der beide voneinander trennende Molasseriegel von Murnau bestimmen das Bild dieser Landschaft von ganz einzigartiger Mannigfaltigkeit und Ausdruckskraft. Zu jeder Tages- und Jahreszeit zeichnen die dunklen Nordhänge des Vorgebirges, die in der Ferne zwischen ihnen erscheinenden Hochgebirgsgipfel in unerschöpflicher Vielfalt wechselnde Farbstimmungen über das Land. Die Pflanzenwelt des Mooses, die Wellen des Sees nehmen sie auf und steigern sie zu einer Eindringlichkeit, die Maleraugen und nachdenkliche Gemüter unwiderstehlich in ihren Bann zieht.

Malergenerationen pilgerten in die Berge – kaum einer ihrer Jünger ist nicht auch in Murnau gewesen und hat hier, fasziniert von der Landschaft, gearbeitet. Für keinen aber war wohl diese von einer selten intensiven Farbskala geprägte Landschaft von so entscheidender Bedeutung wie für den schon in frühester Jugend von der Farbe faszinierten Wassily Kandinsky.

Kandinsky kam mit Gabriele Münter 1908 zu einem ersten Studienaufenthalt, und gemeinsam kehrten sie alljährlich für längere oder kürzere Zeit hierher zurück. Gabriele Münter fand hier Heimat im »Russenhaus«, wie die Einheimischen es nannten, es wurde 1909 ihr Eigentum.

In den Jahren bis zum Kriegsausbruch 1914 trafen sich hier die Malerfreunde. Aus München kamen Alexej Jawlensky und Marianne von Werefkin zu gemeinsamen Studien. Es kam Franz Marc mit seiner Lebensgefährtin und späteren Frau aus ihrem nahe gelegenen Sindelsdorfer Refugium und ihrem späteren Wohnsitz Ried bei Benediktbeuern; aus Tegernsee kam 1910 August Macke mit seiner Frau. Sie alle suchten, wie damals weltweit alle Kunstschaffenden, neue Inhalte, neue Ausdrucksmittel. In nächtelangen Diskussionen, in dem Briefwechsel der Freunde Marc und Macke entspann sich ein lebhafter Gedankenaustausch vor allem über den Stellenwert der Farbe in der Malerei, denn »... eine Malerei, in der die Überzeugung von dem seelischen Grundcharakter allen Geschehens zum Ausdruck gelangen sollte, konnte gar nicht anders, als sich der symbolhaften Wirkungsmöglichkeiten der Farbe zu bedienen«. Murnau und seine Umgebung, die heute noch hier blühende Volkskunst der Hinterglasmalerei, die nach Johannes Eichner »mit unbekümmerter Vereinfachung der Naturformen, starken Farben in schwarzen Konturen und instinktiver Zusammenschau aller Einzelheiten ... vieles vorweggenommen hatte, worum jetzt die Stürmer der modernen Kunst rangen«, gaben Kandinsky und seinem Kreis entscheidende Anregungen für ihren Weg, der von der Gegenständlichkeit über erste tastende Versuche schließlich hin zur völligen Abstraktion führen sollte. Jeder distanzierte sich auf seine Weise von den überkommenen künstlerischen Formen.

Anläßlich ihres 80. Geburtstages am 19. Februar 1957 stiftete Gabriele Münter der Bayerischen Landeshauptstadt den größten Teil der ihr 1916 nach endgültiger Trennung ihrer Lebensgemeinschaft mit Kandinsky von ihm überlassenen Werke. Sie sind heute mit Gemälden des Freundeskreises Marc, Macke, Jawlensky, Werefkin und anderen bedeutenden Werken dieser Periode in der Münchner Städtischen Galerie im Lenbachhaus vereint.

Nach dem Tod Gabriele Münters am 19. Mai 1962 wurde ihrem Letzten Willen gemäß das hinterlassene Vermögen einschließlich des Murnauer Hauses und der noch darin befindlichen Kunstgegenstände in die 1966 rechtskräftig gewordene »Gabriele Münter- und Johannes Eichner-Stiftung« eingebracht.

1984 konnte das Murnauer Haus Gabriele Münters an der Kottmüllerallee 6 der Öffentlichkeit zugänglich gemacht werden. Damit ist der Kunstwelt und kunstinteressierten Laien ein wertvoller Einblick in jene Atmosphäre eröffnet, in welcher ein großer Teil der für die Entwicklung der Malerei des 20. Jahrhunderts so entscheidenden Werke geschaffen wurde. In dem privaten Charakter dieser Räume mit den von den Eigentümern zum Teil selbst mit Malereien verzierten Einrichtungsstücken, dem Bildnis des heiligen Georg in der beide so faszinierenden Hinterglastechnik, ihren Augenblicke persönlicher Erlebnisse und Eindrücke festhaltenden Skizzen und Gemälden, den Linol- und Holzschnitten Gabriele Münters, der Sammlung bäuerlicher Kleinkunst lebt der das Werk beider so befruchtende Geist der Murnauer Farbigkeit. Kunstliebhabern, die auf den Spuren des Blauen Reiter wandeln wollen, bietet das Verkehrsamt Murnau inzwischen eine Führung zu all jenen Plätzen und Winkeln an, die durch Kandinskys Gemälde berühmt geworden sind: zur Grüngasse, zum Griesbräu, zum Turm der Pfarrkirche und in die umliegende Landschaft.

Die »Vizinalbahn« erschloß zahlreichen Münchner Familien die Reize der Landschaft um Murnau. Auch Emanuel von Seidl wurde von ihr gefangengenommen. Aus dem Zwetschgengarten, den er sich als leidenschaftlicher Zwetschgenliebhaber gekauft hatte, als er nach Murnau gekommen war, um für seinen Schwager Professor Mayr-Graz ein Landhaus zu bauen, wurde bald ein Grundstück von 100 000 Quadratmetern am Kapferberg in einer der schönsten Lagen um Murnau.

Es ist hier nicht möglich, auf Einzelheiten der das heutige Bild Murnaus prägenden, besonders in den Häuserzeilen des Oberen und Unteren Marktes nach alten Vorbildern geglückt vorgenommenen Restaurierungs- und Verschönerungsmaßnahmen einzugehen. Hervorzuheben ist die Wiederinstandsetzung des kleinen *Maria-Hilf-Kirchleins* an der Ecke der Grüngasse im Oberen Markt. 1628 von einer Murnauer Bürgerin gestiftet, erst 1655 vollendet, zweimal von Brandkatastrophen heimgesucht, wurde das Kirchlein jedesmal wieder aufgebaut. 1906 ließ es Emanuel von Seidl vollständig restaurieren. Es bildet mit seinem von ihm gestifteten Türmchen und dem Torbogen über die Grüngasse, dessen Georgsfigur ebenfalls Seidl stiftete, ein liebenswertes Ensemble. Nahe bei ihm stehen im Oberen Markt die Mariensäule aus dem 17. Jahrhundert, deren Figur Ambros Degler aus Weilheim zugeschrieben wird, und der Prinzregent-Luitpold-Brunnen mit einer Georgsfigur nach einem Entwurf von Professor Fritz Behn.

Die Villa des Mannes, dem Murnau so viel verdankt, ist leider vom Erdboden verschwunden. In ihrem Park stehen heute das Kurhotel *Seidlpark* und das Kurhaus Ludwigsbad des jetzigen Moorbades Murnau.

Aber trotzdem – es ist unerhört reizvoll, in dem riesigen, öffentlich zugänglichen Areal dieses Parks die verwitterten Spuren des den Schönen Künsten gewidmeten gesellschaftlichen Lebens von damals zu entdecken. So sieht man zum Beispiel etwas, das von weitem aussieht wie eine Vogelvoliere, sich aber als ehemalige Rosenlaube entpuppt, an deren Eisengerüst sich wieder Kletterrosen emporzuranken versuchen. Nicht weit davon stehen in einem Eichenhain vier Hermen mit den Büsten Beethovens, Bachs, Shakespeares und Goethes.

Den Höhepunkt aber brachte unzweifelhaft 1910 die Aufführung der schönen Szenen aus dem »Sommernachtstraum«, wofür Seidl keinen Geringeren als Max Reinhardt und sein Ensemble gewinnen konnte, die im Münchner »Künstlertheater« gastierten.

Wenn wir uns jetzt an das verschwundene Elternhaus Ödon von Horváths erinnern, so machen wir einen großen Gedankensprung. Es ist ein weiter Weg von der empfindsamen Poesie der »Fischerin« und dem harmlos-fröhlichen Lebensgenuß der Jahrhundertwende in die Zeit des Ersten Weltkrieges, der Revolution von 1918 mit ihren Folgen, des sich anbahnenden Unheils des Dritten Reiches, in diese von Ödon von Horváth so drastisch charakterisierte Zeit des Umbruchs und des Zerfalls bisher verbindlicher Normen.

Am 9. Dezember 1901 zu Fiume in die noch

»heile« Welt des k. u. k. Vielvölkerstaates hineingeboren, als Sohn eines ungarischen Diplomaten dieses österreichischen Kaiserreiches zum Weltbürger aufgewachsen, vereinigte Ödon von Horváth in sich alle Elemente eines ungarisch-deutsch-tschechisch-kroatischen Erbes. Er war der Prototyp einer – wie er sich selbst bezeichnete – »österreichisch-ungarischen Angelegenheit«, deren charakteristischstes und vielleicht auch liebenswertestes Merkmal die schwer zu definierende melancholisch-satirische Ironie ist, mit der diese Menschen sich selbst und das Geschehen um sie wach, illusionslos-kritisch, oft übertreibend beobachten und mit einem resignierten leisen Lächeln uralter Erfahrung anprangern.

Als Horváths Eltern 1924 nach Murnau kamen, bauten sie sich hier in der Bahnhofstraße ein Sommerhaus.

Horváth studierte in München, war viel in Murnau, gab aber nach ersten schriftstellerischen Versuchen das Studium auf und »floh« nach Berlin, doch Murnau ließ ihn nicht los; immer wieder kehrte er für längere oder kürzere Zeit hierher zurück.

Erfolg hatte er von Anfang an. Zu ihm hat auch Murnau ein wenig beigetragen. Von seinen, alle Schichten der menschlichen Gesellschaft drastisch anpackenden Volksstücken siedelte er einige – »Hotel zur schönen Aussicht«, »Die Bergbahn« und die »Italienische Nacht« – verschlüsselt, aber doch unverkennbar in einer auch die Landbevölkerung nicht verschonenden Weise in Murnau an.

So erinnert denn auch nur der kleine kurze »Ödon-von-Horváth-Weg« am Rande des ehemaligen Grundstücks seiner Eltern an diesen »Revolutionär«. Horváth ging 1934 in die Emigration und verstarb bei einem Unglücksfall 1938 in Paris.

So hell und liebenswürdig die Landschaft östlich von Murnau ist, so düster und melancholisch zeigt sie sich im Westen. Hier steigen die Nebel aus dem Moos, hier umgibt im Schatten der Sonne dunkel dräuend die Kulisse der Bergkette die weite Ebene des Mooses, und hier begeben wir uns zurück in die früheste Vorgeschichte.

Von der Höhe des Molasseriegels, auf dem Murnau liegt, überblickt man die ganze Größe des *Murnauer Mooses,* und hat das ganze Panorama der die weite Ebene umgebenden Bergkette am eindrucksvollsten vor Augen.

Ein geheimnisvoller Zauber, »Anmut und Schwermut liegen über der weiten Fläche, die ihre volle Schönheit im Herbst entfaltet, wenn welkende Riedgräser, Moos, Heidekraut und Pfeifengras ein fein abgestimmtes Farbenspiel von karminroten, violetten und braunen Tönen darüber legen...

Nicht nur bei Tage, auch vor Sonnenaufgang und nach Sonnenuntergang muß man das Moor aufsuchen, um seine geheimen Stimmen zu hören: das Geläut der Unken, die Rufe des Regenpfeifers und des Brachvogels, den tiefen, schwermütigen Laut der Rohrdommel. Unmöglich ist's, auch nur annähern die lebendigen Schätze aufzuzählen, die seltsamen Wesen, die der Moosgrund birgt.«

Das Moos ist Landschaftsschutzgebiet und mit seinen vierzig Quadratkilometern der größte, weitgehend unkultivierte Moorkomplex im gesamten Alpenraum.

Hier lebt noch die anderswo kaum mehr anzutreffende Sumpfschildkröte, in manchen kleinen Moosbächen der Flußkrebs. Kommt man zu rechter Jahres- und Tageszeit, so schwirren und tanzen unzählige Libellen und Schmetterlinge über das Moos.

Unerschöpflich ist auch die Pflanzenwelt des Mooses. Es zeigt sowohl die Pflanzengesellschaften der ersten Verlandung eines Moores wie die von Flach- und Zwischenmoor bis zu Hochmoor und

Die Marktstraße von Murnau mit dem Maria-Hilf-Kirchlein an der Ecke zur Grüngasse. Über diese Straße zogen die schwerbeladenen Karren der »Rott« – wie man das Fuhrwesen früher nannte.

Moorwald. Hier sind noch Moorbinse und der gelbe Moorsteinbrech am Leben, in anderen Mooren längst verschwundene Eiszeitrelikte.
Die Freude an der Entdeckung immer neuer versteckter Schätze des Mooses darf jedoch nicht dazu verführen, die Wanderwege zu verlassen. Dann kann es passieren, daß man unversehens in einem der kleinen Tümpel, den »Moosaugen«, oder »Schwimmenden Wasen« und »Kühwampen« versinkt, wie die Einheimischen die hier einzigartigen, über mehrere Kilometer sich ausdehnenden »Schnabelbinsen-Schwingrasen« nennen, den bei jedem Tritt schwankenden und schwebenden, unverfestigten Grund des Mooses.
Etwas Unersetzliches, etwas, was für Murnau eine große Sehenswürdigkeit hätte werden können, hat das Moos jedoch verloren. Obwohl im vorigen Jahrhundert in mehreren geographisch- und archäologisch-topographischen Werken »Rudera« auf einem Hügel im Murnauer Moos erwähnt worden waren, hatte man ihnen keine Beachtung geschenkt – erst, als es zu spät war, wurde in aller Eile gerettet, was noch zu retten war.
Unwiederbringlich verloren sind die Reste einer vorgeschichtlichen Siedlung, die 1925 auf dem Moosberg südlich Murnau entdeckt und kommerziellen Interessen geopfert worden sind. Die Siedlung dürfte wohl unter dem Eindruck der im Jahr 259/260 zusammenbrechenden römischen Grenzwehr angelegt worden sein, als sich die Bewohner einer römischen Straßenstation aus Sicherheitsgründen auf den 31 Meter hohen Moosberg zurückzogen und ihre Wohnstätten mit Mauern und Türmen bewehrten.
1991 verfügte der Bayerische Verwaltungsgerichtshof, den Abbau des Glaukoquarzitgesteins am Langen Köchel einzustellen. Diese Gesteinsart fand Verwendung im Straßen- und Schienenbau.

Das neugotische Rathaus an der Marktstraße wurde 1842 erbaut und mit einem Bild von Kaiser Ludwig dem Bayern und der Schmerzensmutter Maria bemalt.

Neben dem Bildnis Kaiser Ludwigs (1282–1347), der als Schutzherr des Marktes Murnau gilt, ist an der Rathausfassade auch das Reliefporträt des Architekten Emanuel von Seidl (1856–1919) angebracht.

Im neu renovierten Murnauer Schloß ist heute ein Museum untergebracht. Die Schwerpunkte gelten dem Blauen Reiter, der Hinterglasmalerei und dem Aufenthalt Ödön von Horváths in Murnau (Bild rechts)

34 Millionen Mark wurden ebenfalls 1991 bereitgestellt für die Renaturierung zerstörter Flächen und um Gebiete mit seltenen Pflanzen- und Tierarten zu schützen.

Noch belebt eine ganze Reihe von Köcheln, wie man die sich aus dem Moos erhebenden Hartsteinhügel nennt, das Landschaftsbild. Im Sommer oder Frühjahr während der Schneeschmelze kann es sein, daß sie aus dem das Moos überschwemmenden Hochwasser aufragen wie einst aus dem späteiszeitlichen riesigen See, aus dem in langsamer Verlandung das Moos hervorging. Fast bis zu Füßen des im Volksmund »Ähndl« genannten kleinen *Ramsach-Kirchleins* reicht dann das Wasser. Einsam und still wie eh und je steht es am Rande des von Murnau zum Moos hinunter führenden Hanges nahe der das Moos durchquerenden Ramsach und blickt hinüber auf die sich bei Hochwasser in einzigartiger Schönheit in ihm spiegelnden nahen und fernen Berge. Es soll die Urahnin, eben das »Ähndl«, christlichen Lebens der Gegend sein. Nach der Legende wurde es an Stelle eines vorchristlichen Heiligtums gebaut, 750 dem heiligen Georg geweiht.

Der Markt Murnau wird 1322 erstmals urkundlich erwähnt. Lange Zeit war Murnau eine der wichtigsten Rottstationen zwischen Nord und Süd und hat sich heute zu einem beliebten Kur- und Fremdenverkehrsort für jung und alt entwickelt.

1931 hat Gabriele Münter »Das Russenhaus« von der Gartenseite aus gemalt. (Städtische Galerie im Lenbachhaus, München)

Im Münter-Haus in Murnau ist heute eine Gedenkstätte eingerichtet. (Bild rechts)

Ein grandioses Panorama tut sich auf, blickt man vom Hang bei Murnau über die weite Fläche des Mooses. Zu sehen sind die eingestreuten Köchel und dahinter die unmittelbar aus der Ebene aufragenden Nordwände des Estergebirges und des Wettersteins.

Aus dem einst riesigen Seebecken der Loisach entstand das heute ca. vierzig Quadratkilometer große Murnauer Moos, das sehr wasserreich ist und einen ausgedehnten Schilfbestand aufweist.

Im Herbst prägen welkende Riedgräser, Moos, Heidekraut und Pfeifengras das Murnauer Moos und bestimmen mit ihrem fein abgestimmten Farbspiel die weite Fläche.

Die Nutzung der Streuwiesen wurde früher durch Losentscheid geregelt. Das Heu der mageren Moorwiesen wurde zu »Drischen« aufgehäuft und als Einstreu im Stall verwendet.

Motive vom Moosrundwanderweg an der Ramsach und im »Langer Filz«.
Das Moos zeigt sowohl die Pflanzengesellschaften der ersten Verlandung eines Moores als auch diejenigen von Flach- und Zwischenmoor bis hin zu Hochmoor und Moorwald.

Das Ramsach-Kirchlein, im Volksmund »Ähndl« genannt, ist wohl das älteste Gotteshaus der Gegend und liegt sehr malerisch am Fuße des Murnauer Hanges.

Die Boots- und Fischerhütten in Seehausen am Staffelsee.

Die in allen Schattierungen schillernden Laubbäume an den Ufern des Staffelsees – hier bei Rieden – bieten im Herbst einen prächtigen Anblick. (Bild links)

Zu Füßen von Murnau liegt der in des Wortes wahrstem Sinne schwer zugängliche *Staffelsee*. Immer wieder entzieht er sich sowohl dem ihn von weitem suchenden Auge als auch dem an seine Ufer strebenden Schritt. Glaubt man, ihn endlich zu fassen, zu übersehen, zeigt er von jeder Seite ein anderes Gesicht. Inseln, Buchten, Landzungen schieben sich in das Blickfeld – man wird jedesmal in die Irre geführt.

Und wie erhielt der Staffelsee seinen Namen? Kam er aus dem Keltischen oder von einer an der nahen Römerstraße gelegenen römischen »Staffel«? Am wahrscheinlichsten scheint eine Ableitung von »Stapho« also Stapfe, Fährte, und »staffin« das heißt stapfen. Man »stapft« durch das seichte Wasser des 7,65 Quadratkilometer großen Sees zu seinen sieben Inseln oder über den Boden des Mooses zu seinen »Köcheln«.

Auf der größten Insel des Staffelsees, Wörth, befand sich wahrscheinlich die älteste christliche Kultstätte der Gegend, und hier war merkwürdigerweise bis 1743 die Pfarrei Staffelsee, obwohl Sankt Nikolaus in Murnau schon 1134 urkundlich erwähnt ist.

Wie ehedem zieht an Fronleichnam die Seeprozession von Seehausen über das Wasser zur Insel Wörth. Voran das geschmückte Fährschiff mit dem Allerheiligsten und der Geistlichkeit. Ihm folgt die festlich gekleidete Gemeinde in zahlreichen Begleitbooten. Ein schöner Brauch, der die Erinnerung an den Ursprung geistlichen Lebens im Staffelseegebiet bewahrt, zugleich die einzige Seeprozession, die man in Oberbayern heute noch miterleben kann, seit die berühmte Chiemseeprozession um die Fraueninsel aufgegeben worden ist.

Murnau steht auf dem Scheitelpunkt zweier Extreme: »... der Landschaft östlich von Murnau gehört der sonnige Frieden..., auf der Westseite aber scheint sie den brausenden Mächten der Luft und des Wassers näher zu sein.«
Sonniger Frieden liegt über den in eine anmutige Wiesenlandschaft eingebetteten Ortschaften, ihren reichen Höfen und behäbigen Gasthäusern, den von freundlichen Zwiebeltürmen beschirmten kleinen Kirchen in ihrer Mitte, um die sich die sorgfältig gepflegten Ruhestätten ihrer Toten scharen.
Das kleine Gotteshaus von *Froschhausen* allerdings steht als Wallfahrtskirche zum heiligen Leonhard etwas abseits seiner Gemeinde auf einem schmalen Band zwischen zwei die Landschaft belebenden Seen: dem wegen seines Schilfreichtums von den Lachmöven als Brutstätte, von vielen durchziehenden Wasser- und Sumpfvogelarten als Stelldichein benutzten, unter Naturschutz stehenden Froschhauser See und dem idyllisch gelegenen *Riegsee*. Dem äußerlich unscheinbaren kleinen, um 1630 entstandenen Bau mit Dachreiter wurde 1730 der heutige Barockturm angefügt. Seine 1786 geschaffene Innenausstattung strahlt trotz der späten Entstehungszeit noch ganz den Geist des volkstümlichen bayerischen Rokoko aus. In goldenem Strahlenkranz, umschwebt von einer Schar reizender Putten, flankiert von der Muttergottes und dem heiligen Christophorus, empfängt der heilige Leonhard auf dem Hochaltar mit einladender Geste die alljährlich in Scharen zu ihm pilgernden Wallfahrer. Ursprünglich als Schutzpatron der Lahmen und Gefangenen verehrt, wurde er im Laufe der Zeit auch zum Beschützer des Viehs, vor allem der Pferde. Die sich daraus entwickelnden »Leonhardifahrten« gehören zu den schönsten Dokumentationen oberbayerischen Brauchtums.
Kurz darauf finden wir in Riegsee ein nicht minder köstliches kleines Gotteshaus. Im Kern noch mittelalterlich, im 17. Jahrhundert barockisiert und im 18. Jahrhundert neugestaltet, ist es ein reizvolles Beispiel volkstümlichen Kirchenrokokos. Ein Höhepunkt ist die einfache hölzerne, buntbemalte Kanzel. Auf ihrem holzgefüllten Aufgangsgeländer sehen wir unten rechts eine Gruppe kreuztragender Pilger dargestellt. Im Höherschreiten verwandelt sie sich in weiße Schäfchen, die von dem links oben auf Wolken stehenden Heiland an einer roten Schnur zu sich in sein Reich emporgezogen werden: ein beglükkendes Erlebnis rührend naiver Volksfrömmigkeit.
Man sollte die Bilderbuchlandschaft hier ringsum zu Fuß erwandern. In unerschöpflicher Vielfalt überraschen immer wieder neue Ausblicke auf Seen, Wiesen, Moore, Wälder, auf die nahe und ferne Gebirgswelt.

Vom Hörnle aus hat man einen herrlichen Blick auf die zahlreichen Buchten und Inseln des Staffelsees. Seit 1935 wird hier der Brauch einer See-Fronleichnamsprozession gepflegt, der sonst nirgendwo mehr in Bayern zu finden ist.

Unterhalb von Hagen, hinweg über blühende Loisachwiesen, sieht man bis zum Wettersteinmassiv und zur Zugspitze.

Die Froschhauser Kirche, ein Schmuckstück des Rokoko, ist Ziel einer bekannten Leonhardiwallfahrt. (Bild rechts)

Großseggen in einer beginnenden Verlandungszone im Riegsee.

Blick über den Riegsee auf den verschneiten Heimgarten und den wolkenverhüllten Herzogstand.

Schwaiganger – das bayerische Staatsgestüt

Seine Geschichte und Bedeutung in der bayerischen Pferdezucht –
Bayern blieb bayrisch dank Herzogin Maria Anna und Friedrich dem Großen –
Ein Abstecher nach Ohlstadt

Schon beim ersten Vorbeifahren hatte uns der Anblick der edlen Pferde das Herz höher schlagen lassen: *Schwaiganger* ist heute Zentrum der staatlichen Pferdezucht Bayerns. Bei Führungen kann man die zahlreichen Stallungen durchwandern, in denen die Hengste in ihren Boxen stehen, kann zusehen, wie sie zum Training gesattelt oder angeschirrt werden. Und draußen im Gelände kann man dann beobachten, wie ihre Eignung zur Zucht durch vielseitige Übungen einer strengen Prüfung unterzogen wird. Da traben und galoppieren elegante Warmblüter, gedrungene Kaltblüter mit mächtiger Hinterhand, und die kleinen Haflinger jagen mit hellen langen wehenden Mähnen übermütig in scharfem Galopp über die Bahn.

Vollends groß ist die Freude, wenn man das Glück hat, dem Training für die Gestütsparade beiwohnen zu können. Da gibt es Gruppenspringen. Zwei- und Vierergespanne, ein römischer Kampfwagen prescht durch die Arena, ja sogar eine beinahe circensische Kunst wird geübt, eine sogenannte Pyramide. Zwei Männer schwingen sich auf die Schultern dreier nebeneinander trabender Reiter, auf deren Schultern dann – als Gipfel der Pyramide, Fähnchen schwingend und etwas mühsam die Balance haltend – ein dritter springt. Und das alles in einem traumhaft schönen Gelände vor der Kulisse des Heimgartenstocks. 674 Hektar umfaßt das Areal von Schwaiganger mit den Koppeln, auf denen die Stuten und Fohlen weiden, mit den Reithallen und Ställen, den für die Versorgung des Betriebes erforderlichen Schuppen, Speichern und Wagenremisen. Dazu kommen noch fünf landwirtschaftliche Nebenbetriebe von insgesamt 837 Hektar und 424 Hektar Wald.

In weitem Umkreis umgeben die Stallungen das repräsentative Verwaltungsgebäude, in dem auch eine Gastwirtschaft untergebracht ist. Dieses Verwaltungsgebäude ist eng verbunden mit der Erinnerung an eine Episode von weittragender Bedeutung für die Geschichte Bayerns und an ein damit verknüpftes Schicksal zweier Menschen: der Herzogin Maria Anna – Witwe des Herzogs Clemens von Bayern, eines Enkels des Kurfürsten Max Emanuel – und ihres Hofkammerrates Andreas Andre, des Bauernsohnes Andreas Anderl aus Rieden. Beide haben durch ihren leidenschaftlichen Einsatz dazu beigetragen, daß Bayern selbständig blieb, und beide

Das idyllisch gelegene Verwaltungsgebäude des Bayerischen Haupt- und Landgestüts Schwaiganger.

mußten dafür mit einer Verbannung aus der Hauptstadt büßen. Maria Anna zog sich auf ihr Gut Schwaiganger zurück, wo sie in dem jetzigen Verwaltungsgebäude lebte und 1790 starb. Andre überlebte sie noch viele Jahre.

Die groteske Situation, daß einem Landesherrn sozusagen gegen seinen Willen sein Land erhalten blieb, trat ein, als Bayern im Jahre 1777 nach dem Tod des letzten Kurfürsten aus der bayerischen Linie der Wittelsbacher, Maximilian III. Josef, gemäß alter Familienvereinbarungen an die Pfälzer Wittelsbacher fiel.

Die Pfalz und Bayern, seit dem Hausvertrag von Pavia 1329 getrennt, waren damit wieder in einer Hand vereinigt. Karl Theodor aber, bisher Kurfürst von der Pfalz und nunmehr Kurfürst von Pfalz-Bayern, verließ nur ungern seine weinselige Pfalz und seinen Regierungssitz Mannheim, um nach den Bestimmungen der Erbverträge nach München überzusiedeln.

Österreich, schon lange bestrebt, Bayern seinem Territorium einzugliedern, nützte die Situation aus, und Karl Theodor zeigte sich nicht abgeneigt, das ungeliebte Bayern preiszugeben und sich dafür die österreichischen Niederlande als »Königreich Burgund« einzutauschen. Der erste Schritt hierzu war ein in Wien am 3. Januar 1778 von seinem Bevollmächtigten abgeschlossener Vertrag, der zunächst die Abtretung einiger von Österreich unter dem Vorwand alter Erbrechte beanspruchter niederbayerischer Gebiete vorsah und einen weiteren Austausch in Aussicht stellte.

Der kurz darauf bei Braunau und Schärding beginnende österreichische Einmarsch, die Besetzung Straubings, Kelheims, Chams, Stadtamhofs, schließlich die Erklärung Straubings zur Hauptstadt einer neuen österreichischen Provinz, versetzten ganz Bayern in Panik.

Da ergriff Maria Anna entschlossen die Initiative. In der Münchener Maxburg, ihrem Stadtsitz, und draußen vor den Toren Münchens in ihrem Gartenschlößchen, dem »Clemensschlößl«, wo heute der Justizpalast steht, versammelte sie einen Kreis getreuer Patrioten um sich. Herzog Karl II. August von Zweibrücken, der präsumtive Erbe des dreiundfünfzigjährigen Karl Theodor ohne legitime Nachkommenschaft, sein Minister Hofenfels, Pfalzgraf Wilhelm von Birkenfeld-Gelnhausen, ab 1799 Herzog in Bayern, gehörten zu ihnen. In geheimen Verhandlungen wurde beraten, wie dem »Verrat von oben« entgegenzusteuern sei.

»Die entscheidenden Schritte wurden umrankt von endlosen Verhandlungen, Diplomatenschlichen, Intrigen, Bestechungsversuchen, ja kriminalistischen Abenteuern, wenn sich etwa der junge Joseph Utzschneider« – der von uns schon erwähnte Neffe Andreas Andres – »als Maria Annas Geheimkurier zu Friedrich dem Großen durchschlagen muß oder wenn Friedrichs Unterhändler, Graf Görtz aus Weimar, durch Andre, den Hofkammerrat der Herzogin, in das Clemensschlößl vor dem Karlstor und von dort zu Geheimverhandlungen in die Maxburg geschleust wird.«

Friedrich des Großen Korrespondenz mit Maria Anna drückt eine große Bewunderung und Hochschätzung ihrer Persönlichkeit aus. Es gelang ihr, seine Unterstützung zu gewinnen.

Es war Maria Anna, als der treibenden Kraft, zusammen mit dem König von Preußen zu verdanken, daß die Pläne Karl Theodors durchkreuzt wurden. »Friedrich II. von Preußen wurde in Bayern fortan wie ein Nationalheros gefeiert«, schreibt Michael Döberl, und der österreichische Gesandte berichtete: »Es ist fast kein Haus, in dem man nicht das in Kupfer gestochene Porträt des Königs von Preußen aufhängt und als Schutzgott verehrt.« Der sogenannte »Kartoffelkrieg« endete am 13. Mai 1779 mit dem Frieden von Teschen. Bayern verlor zwar das Innviertel zwischen Donau, Inn, Salzach und Traun, ein Gebiet mit 80000 Einwohnern, aber das entschlossene Eingreifen Maria Annas hatte Schlimmeres verhindert.

Nur die Sonnenuhr am Verwaltungsgebäude zeigt in einem Medaillon Maria Annas Porträt im Profil – die einzige Erinnerung an sie hier in Schwaiganger.

Die Pferdezucht in Schwaiganger blickt auf eine lange Tradition zurück. 955 zum erstenmal urkundlich erwähnt, wechselte die »Schwaige Anger« als bevorzugtes Jagdgebiet von Bischöfen und adeligen Herren des öfteren ihre Besitzer, bis sie ab 1611 als Annex des Hofgestütes Schleißheim der Aufzucht des herzoglichen und kurfürstlichen Marstalls diente. Maria Anna und Andre bauten sie zu einem Musterbetrieb aus, der nach ihrem Tod an das kurfürstliche Krongut fiel. Von da an war Schwaiganger »Militärfohlenhof und Armeegestüt«, »Militärstammgestüt«, seit 1862 »Remontedepot«. 1920 wurde es Stammgestüt des Freistaates Bayern. Als solches hatte es die Aufgabe der Aufzucht von Kaltblut, bis 1963 mit dem Aufbau einer Warmblutstutenherde auf hannoverscher Grundlage begonnen wurde. 1970 kam eine Haflingerstutenherde hinzu, die die Veredelung der Haflinger mit Araberblut zum Ziele hat.

Kurz ist der Weg mit dem Auto von Schwaiganger nach *Ohlstadt*, aber wesentlich schöner ist es, zu Fuß durch eine reizvolle Hügellandschaft zu wandern – vorbei an wohlhabenden Höfen mit reichem Blumenschmuck auf ihren den Wohntrakt umlaufenden Altanen. Im Ortszentrum strahlt die malerische Gruppe der von einem kleinen, eichenbeschatteten Friedhof umgebenen Pfarrkirche, des breit ausladenden Gasthauses zur Post, des Rathauses und eines großen Maibaumes Gemütlichkeit und wohltuende Ruhe aus. Eine mächtige alte Linde gibt dem Ganzen eine anheimelnde Geborgenheit.

Hier in diesem »lieblichsten Gebirgsdorf« in einer weiten Ebene am Fuße des Heimgarten, hatte sich der Maler Friedrich August von Kaulbach sein über alles geliebtes Refugium geschaffen.

Er war 1850 in München geboren, wuchs aber in Hannover auf, wohin sein Vater als Hofmaler berufen worden war. Mit 22 Jahren kehrte Friedrich August in seine Geburtsstadt zurück, wo nun sein erstaunlicher Aufstieg begann und er neben Franz von Lenbach und Franz von Stuck zum begehrtesten Porträtisten von Aristokratie, Geldadel und Großbürgertum des In- und Auslands heranreifte.

Unter den von ihm wiederholt Porträtierten befand sich auch Prinzregent Luitpold, als dessen Jagdgast Kaulbach nach Ohlstadt kam und die Gegend so schätzen lernte, daß er sich dort anzusiedeln beschloß. Er mietete sich 1885 zunächst in einem Bauernhaus im Unterdorf ein, erwarb aber bald ein Grundstück und entwarf sich ein Landhaus mit Atelier, das ganz dem heimischen Baustil verpflichtet ist, 1893 vollendet war und 1903 sowie 1908 Erweiterungen erfuhr. So oft es seine Verpflichtungen erlaubten, zog sich Kaulbach aus dem Stadtleben in die ländliche Stille seines Ohlstädter Besitzes zurück. Hier empfing er seine engsten Freunde, darunter Ludwig Thoma, Ludwig Ganghofer oder Emanuel von Seidl, hier fand der unermüdlich Tätige Zeit und Spielraum für seine Kunst, die sich nicht nur auf Landschaften, Tierbilder und Stilleben in Öl, Zeichnung und Aquarell erstreckte. Friedrich

August von Kaulbach starb 1920 in Ohlstadt und ist auf dem dortigen Dorffriedhof begraben.
Im Jahre 1930 zog in dieses alpine Künstlerheim des Münchner Fin de siècle zeitweise ein anderer Maler ein, dessen Kunst in denkbar stärkstem Kontrast zu der traditionsverbundenen, ästhetisierenden Malkultur Kaulbachs stand: Max Beckmann (1884–1950). Der Expressionist hatte 1925 in zweiter Ehe Kaulbachs Tochter Mathilde geheiratet, fürderhin von ihm Quappi genannt. Nach seiner Vertreibung aus dem Lehramt in Frankfurt am Main 1933 arbeitete nun Beckmann ab 1933 sommers in Ohlstadt, bis er 1937, als »entartet« verfemt, über Holland in die Vereinigten Staaten emigrierte. Hier in Ohlstadt entstanden zahlreiche Aquarelle und Ölgemälde wie der »Walchensee«, die »Mondlandschaft im Gebirge mit Schnee«, der »Große Steinbruch in Oberbayern«, die »Gartenlandschaft im Frühling mit Bergen«, dann »Das Moor« (eine geradezu anklagende Darstellung des damals erst halb abgebauten, heute gänzlich verschwundenen Moosbergs-Köchels im Murnauer Moos), die »Schneelandschaft Garmisch« oder das berühmte »Selbstbildnis im großen Spiegel mit Kerze«, das von ihm 1933 in Ohlstadt begonnen wurde.
Seit Juli 1977 ist die Kaulbach-Villa für Besucher geöffnet.

Auf einer Wanderung durch den Ort, vorüber an dem Haus Kaulbachs in die weiten Wiesenauen der Umgebung kann man das Wallfahrtskirchlein zum »Boschet« besuchen und vielleicht zu jenem Felsenkegel auf der nördlichen Abdachung des Heimgarten emporsteigen, auf dem einst die Schaumburg stand. Hier hausten die Ritter von Kammer. Das einzige, was an die Burg und ihr gewaltsames Ende heute noch erinnert, sind die Namen »Die Vest«, den der Felskegel oberhalb Ohlstadt noch trägt, sowie Pfeilspitzen, eine kleine eiserne und eine große steinerne Kanonenkugel, die man im Werdenfelser Heimatmuseum in Partenkirchen bestaunen kann.
Ganz nahe scheint hier oben auf der »Vest« der Heimgarten zu sein. Wer gut zu Fuß ist, wird ihn vielleicht besteigen und zum Herzogstand hinüber wandern. Sicher ist der Weg heute besser, als zu Zeiten Asams: »Mancher wagt es nicht den Steg zu betreten, wo er bald wie auf Seiltänzerfüßen über steilen Wänden dahinklettert, bald, ängstlich am Latschengebüsche festgehalten, durch eine jähe Kluft in die schaurige Tiefe hinuntersieht. Und doch ist der Leumund dieses Weges schlechter als er es verdiente, und, wer einmal auf der einen Seite den Heimgarten bestiegen hat, der versäume es nicht, über den Grat auf den Herzogstand hinüber zu wandern.«
Auf diesem Weg soll übrigens Richard Strauss zu seiner »Alpensymphonie« angeregt worden sein.
1990 tauchten in der Presse Berichte über einen Karl Otto auf, der die starre Bindung für den Ski erfand und damit 1890 als erster Skibergsteiger im gesamten Alpenraum den 1790 m hohen Heimgarten bezwang.

Das traumhaft schöne Gelände des Landgestüts Schwaiganger vor der prachtvollen Kulisse des Heimgartens.

Bewegte Formen und stets wechselnde Stimmungen prägen die Landschaft zwischen Schwaiganger und Ohlstadt.

Stallungen und Koppel in Schwaiganger. Führungen für Besucher geben Einblick in das Aufgabengebiet des Gestüts. (Bild rechts)

Föhnstimmung bei Schwaiganger. Der Weg führt hinauf zum Freilichtmuseum an der Glentleiten.

*Die Stimmung eines Augenblicks, denn schnell schmolz der Rauhreif unter der aufgehenden Sonne.
Im Hintergrund der Heimgarten.
(Bild rechts)*

Das offene Gelände um Schwaiganger ist ein Paradies für Pferde, und ihr erhabener Anblick läßt das Herz höher schlagen.

Franz Marc, »Die kleinen gelben Pferde«, 1912 (Staatsgalerie Stuttgart). Für Marc, der in Sindelsdorf wohnte, war das Gestüt Schwaiganger ideal für seine Pferdestudien.

Rast auf dem Weg zum Heimgarten am Rauheck. Im Hintergrund das Ammergebirge und die Allgäuer Berge.

Der Nebel hat sich aufgelöst und sichtbar werden Ohlstadt und das weite Murnauer Moos. (Bild rechts)

Typische Landschaft bei Gröben, ein Weiler hoch über der Loisach, zwischen Murnau und Sindelsdorf.

Blühende Wiesen und sanfte Hügel laden ein zu einer Wanderung von Schwaiganger nach Ohlstadt. (Bild rechts)

Das Freilichtmuseum an der Glentleiten

Alte bäuerliche Lebens- und Arbeitswelt

Seit mehr als 20 Jahren gibt es nun das Freilichtmuseum des Bezirks Oberbayern an der Glentleiten oberhalb des Kochelsees. Vor der malerischen Kulisse von Herzogstand und Heimgarten sind inzwischen über 30 alte Gebäude aufgebaut auf einem Areal von über 25 Hektar. Das Museum sammelt Gebäude und Gegenstände aus den verschiedenen Hauslandschaften Oberbayerns zwischen Lech und Salzach, dem Alpenrand und der Donau. Wohnen und Wirtschaften, Handwerk und Gewerbe werden hier in historischen Bauten dargestellt.

Ein Besuch im Freilichtmuseum an der Glentleiten – so benannt nach einem alten Flurnamen – ist ein Gang zurück in die Vergangenheit, die heute oft als »gute alte Zeit« idealisiert wird. Aber die wenigsten Zeitgenossen – gewöhnt an die Annehmlichkeiten des heutigen Lebens – würden mit dem kargen und harten Bauern- und Handwerkerleben vor 100 oder 200 Jahren tauschen wollen. Mit Informationen und Ausstellungen versucht das Museum, ein realistisches Bild der ländlichen Vergangenheit zu vermitteln.

Das »Mirznhäusl«, als Kleinanwesen 1791 in Grünwald erbaut, steht heute im Freilichtmuseum an der Glentleiten. Beachtenswert ist hier der Flechtzaun um den Nutzgarten.

Ein Rundgang durch die verschiedenen Höfe zeigt, wie die sozialen Unterschiede im Dorf Hofgröße, Raumaufteilung und Einrichtung der einzelnen Anwesen bestimmten. Im Zehentmaierhof aus Sauerlach, Landkreis München, wird der Besucher in die Zeit vor 200 Jahren zurückversetzt, als in diesem kaminlosen »Rauchhaus« über dem offenen Feuer gekocht wurde und der beißende Rauch durch alle Ritzen und Türen drang, auch in die ungeheizten Schlafkammern. Der angenehmste, weil rauchfreie Raum war die Stube, die sich die Bewohner sehr oft noch mit dem Kleinvieh wie z.B. Hühnern, teilten. Die Einrichtung der Küche ist für uns ungewohnt karg: Pfannen, hölzerne Fässer als Behälter für Wasser, Salz, Kraut und eingelegtes Fleisch, irdene oder hölzerne Schüsseln und Holzlöffel, mit denen alle zusammen aus einem gemeinsamen Teller aßen. Und nicht zu vergessen der rauchende, harzige Kienspan oder die Talgkerze als einzige Lichtquellen an den Winterabenden in Stube und Schlafkammern.

Der Müllerhof aus Hofolding im Landkreis München wirkt dagegen fast modern. Erbaut in der ersten Hälfte des 18. Jahrhunderts, wird er im Museum in der Ausstattung des frühen 20. Jahrhunderts gezeigt. Die offene Feuerstelle ist durch einen gekachelten »Sparherd« mit geschlossenem

Schornstein ersetzt, die Wände haben einen leicht zu pflegenden Ölfarbenanstrich, und das Elternschlafzimmer kann sogar – für die damalige Zeit eine Ausnahme – durch einen kleinen Ofen geheizt werden.
Im Hirtenhaus aus Kerschlach, Landkreis Weilheim-Schongau, wird ein kleinbäuerliches Anwesen für die 40er Jahre des letzten Jahrhunderts gezeigt. Die authentische Einrichtung geht auf die Befragung der letzten Bewohner zurück.
Das Freilichtmuseum zeigt neben bäuerlichen Anwesen auch Gebäude aus dem Bereich des ländlichen Gewerbes und der vorindustriellen Technik. Verschiedene wassergetriebene Mühlwerke sind inzwischen zu einer ausgesprochenen Besucherattraktion geworden. Eine einmalige Besonderheit ist die hier wieder aufgebaute, voll funktionsfähige Wetzsteinmacherei aus Unterammergau.
Zwei Almgebäude aus dem Berchtesgadener Land dokumentieren die für den gesamten Alpenraum so wichtige und charakteristische Almwirtschaft. An bestimmten Tagen wird für die Besucher in original eingerichteten Werkstätten altes Handwerk gezeigt. Die täglich und jahreszeitlich wiederkehrenden Arbeiten auf einem Hof, wie z. B. Melken, Buttern, Holzen, Pflügen, Säen und Ernten, können allerdings nur in Ausstellungen umfassend erklärt werden, auch wenn sich viele Besucher gerne das vollständig belebte Museumsgelände mit dazugehörenden Menschen und Tieren wünschen.

Das Freilichtmuseum befindet sich noch im Aufbau. Fast jedes Jahr kommt ein weiteres Haus aus einer der oberbayerischen Hauslandschaften hinzu. Geplant sind auf rund 35 Hektar Gesamtfläche ca. 90 Einzelobjekte. Zuletzt aufgebaut wurden das Samerhäusl aus Schönau, Landkreis Berchtesgadener Land, und – 1993 – das Weißenbachgütl aus Rottau im Landkreis Traunstein.
Im Samerhäusl wird mit einer Originaleinrichtung von ca. 1400 Gegenständen der Zustand der 60er Jahre gezeigt, als der Fremdenverkehr mit der Zimmervermietung an »Sommerfrischler« für die Bewohner immer noch ein wichtiger bäuerlicher Nebenerwerb war.
Das Weißenbachgütl wird für die Zeit um 1880 dargestellt, als in diesem Kleinanwesen die Köhlerei als Nebenerwerb betrieben wurde. In einem Informationsraum erfährt der Besucher Wissenswertes zur Haus- und Regionalgeschichte.

Das Freilichtmuseum möchte mit seiner Arbeit die bäuerliche Lebenswelt ohne Illusion zeigen und ein »differenziertes Geschichtsbewußtsein« für die sogenannte »gute alte Zeit« wecken.

Das Freilichtmuseum liegt in wunderschöner Lage unter dem Herzogstand. Die Häuser dokumentieren eindrucksvoll die Bauweise von Legschindeldächern.

Eine Kapelle aus Kirnberg, erbaut um 1844, ein Bundwerkstadel von 1788 sowie der »Schieblhof« von 1555 aus dem Landkreis Traunstein stehen heute im Freilichtmuseum.

*Ausschnitt einer Wandmalerei im »Schieblhof«.
In den drei Kammern im Obergeschoß sind Bilder
von Reitern, Heiligen, Jagdszenen und Rankenwerk
zu sehen.*

Kochel am See – Schönheit der Voralpen

*Die Geschichte von Kochel – Das Franz-Marc-Museum –
Der Blaue Reiter in Kochel – Die Staffelalm – Der Walchensee –
Lovis Corinth und seine Jahre am Walchensee –
Alles überragend: Herzogstand und Heimgarten – Kloster Schlehdorf*

Welche Wonne, durch dieses Land zu fahren, wenn im ersten Frühjahr ein goldener Löwenzahnteppich die Wiesen bedeckt, ein wenig später der würzige Duft des ersten Grasschnittes, der ersten Heumahd in der Luft liegt, oder im Spätsommer die letzte Kraft der scheidenden Sonne die Erde noch einmal aufblühen läßt in der ganzen Farbskala des Spektrums, ehe sie abschiednehmend das Land in einen silbernen Schleier hüllt.

Nirgendwo, so scheint es uns, kann man die Vielfalt altbayerischer Landschaft, den Reiz der in sie eingebetteten kleinen Ortschaften, ihr aus uralter Tradition herausgewachsenes lebendiges Leben so intensiv erfahren, wie im Land um Kochel und Benediktbeuern, vollends, wenn dem aus den Gebirgstälern des Werdenfelser Landes, den von den dunklen Wäldern und Höhen umschlossenen Ufern des Walchensee Kommenden die eleganten Serpentinen der heutigen Kesselbergstraße plötzlich Ausblicke auf eine tief unten liegende, unendlich scheinende Ebene öffnen. Da strahlt das helle Blau des Kochelsees, da leuchtet das Weiß der Türme von Kloster Schlehdorf an seinem Ufer in hellem Sonnenschein, da lockt, breit gelagert im saftigen Grün des Landes, der mächtige Komplex der alten Benediktinerabtei Benediktbeuern.

Von Großweil kommt man zunächst an den 200 Meter unter dem Walchensee liegenden Kochelsee, dessen Südufer in den Armen der Ausläufer des Herzogstandes und des Sonnenspitz geborgen ist, während seine übrigen Ufer in das Kocheler Moor und die während seiner Verlandung entstandene weite Ebene übergehen.

Über die Loisachbrücke fährt man bald ins Ortszentrum von *Kochel am See* und steht vor dem 1900 aufgestellten Denkmal des sagenhaften »Schmieds von Kochel«, das der Münchner Bildhauer Kaindl geschaffen hat.

Kochel ist heute das Zentrum des Fremdenverkehrs um den Kochelsee. Schon zu Ludwig Steubs (1812–1888) Zeiten war der Ort ein »beliebter Sommerplatz . . ., für Bergsteiger höchlich empfohlen wegen der Nachbarschaft besonders schöner Voralpen, die mit herrlicher Fernsicht in die Ebene hinaus und in die Berge hinein begabt sind. Dicht ober Kochel liegt nämlich die Benediktenwand, die auch von hier aus auf der gangbaren Rückseite am leichtesten zu ersteigen ist, und die Jocheralm, weiter gegen Westen aber der

*Welch Reiz und Wonne –
Kochel am See.*

Herzogstand und der Heimgarten. Diese vier Alpengipfel möchten unter den bayerischen Alpen wohl diejenigen sein, die am öftesten erklettert werden. Der Benediktenwand zumal sagt man rühmend nach, daß von ihrer Höhe aus sieben Seen zu erblicken seien.«

Der Aufstieg Kochels zur Fremdenverkehrsattraktion begann eigentlich 1836, als der Rechtsanwalt König Ludwigs I., Georg von Dessauer, sich in Kochel niederließ. Er hatte zunächst das »Kochler Haus«, einen ehemaligen Sommersitz der Benediktbeuerer Mönche oben auf dem Aspenstein, erworben, kaufte dann noch weitere Gründe zur Errichtung von zwei Gutshöfen dazu und erbohrte zu allem Überfluß 1846 noch eine heilkräftige Natronquelle, die zu Ehren der Gemahlin des Kronprinzen und späteren Königs Max II. Marienquelle benannt wurde.

Doch das Unternehmen prosperierte nicht wie erwartet, wurde deshalb 1887 verkauft, brannte 1897 teilweise ab und stellte um 1912 den Kurbetrieb ganz ein, zumal auch die Schüttung der Quelle weitgehend nachgelassen hatte. Nach mehreren Besitzerwechseln ging es 1949 an die Sozialdemokratische Partei Deutschlands über, die dort die Georg-von-Vollmar-Akademie einrichtete. Der gastliche Salon der Dessauer und ihre Kuranstalt hatten Ende der dreißiger Jahre des 19. Jahrhunderts illustre Gäste nach Kochel gelockt, darunter die Könige Ludwig I., Maximilian II. und Ludwig II., Bismarck, Liebig, die Maler Schwind, Neureuther und Wilhelm von Kaulbach, die Musiker Franz von Lachner und Franz Wüllner, sowie den Dichter Hoffmann von Fallersleben, der auch den Kochelsee besungen hat.

Aber nun von der jüngeren Geschichte zurück zu den Anfängen. Die erste Kunde von Kochels Existenz vermittelt eine Überlieferung, nach welcher Gailswind, die Schwester der Stifterbrüder Benediktbeuerns, Schlehdorfs und des Staffelseebistums auf der Insel Wörth, hier ein Nonnenkloster gegründet hat.

Der Anblick der 1680 bis 1690 von Kaspar Feichtmayr erbauten Pfarrkirche *Sankt Michael* versetzt in eine etwas näher liegende Vergangenheit. Sie hat das Michaelspatrozinium der Benediktinerinnen-Abtei übernommen, ist erstmals 1071 erwähnt und birgt noch immer Reste eines Baus von 1521. Ihre heutige barocke Gestalt, deren dreijochiges Langhaus im 20. Jahrhundert verlängert wurde, erfreut vor allem durch die 1725 gleichzeitig mit den Stukkaturen der Wessobrunner Brüder Zimmermann in Benediktbeuern geschaffene Dekoration ihres Innenraums. Sie wird daher dem Wessobrunner Künstlerkreis zugeschrieben. Bemerkenswert sind die Skulpturen Josef Anton Fröhlichs, und der Hochaltar von Johann Georg Miller – nach einer anderen Version von dem Kistler Johann Georg Mautter – wird als das schönste Werk im Umkreis bezeichnet.

Der besondere Stimmungsgehalt des Friedhofs mit seinen vielen schmiedeeisernen Kreuzen ergreift nicht nur den heutigen Besucher, er hat auch schon Wassily Kandinsky und Gabriele Münter zu einigen Gemälden inspiriert, als sie 1909 bei dem Komponisten Thomas von Hartmann zu Besuch waren.

Schon 1902 war Kandinsky mit seiner Malschule per Fahrrad um Kochel unterwegs und hielt mit einer Trillerpfeife Kontakt zu seinen Schülern.

Franz Marc, der große Neuerer in der Künstlergemeinschaft des »Blauen Reiter«, ist hier begraben: Er war 1916 in Braquis bei Verdun gefallen und zunächst im Park des Schlosses Gussainville begraben worden. 1917 wurden seine Überreste exhumiert und auf dem Friedhof von Kochel beigesetzt.

Hier in Kochel fand auch die letzte Begegnung zwischen Marc, Münter und Kandinsky statt. Marc schrieb darüber in einer Feldpostnachricht aus Lothringen: »Ich denke noch oft an den merkwürdigen Moment, als Sie beide in Kochel ins Automobil stiegen mit einem letzten Winken; ich fühlte damals mit aller Deutlichkeit, daß es für lange war und daß wir vor furchtbaren Ereignissen standen. Wann und als welche Menschen werden wir uns wiedersehen? Herzlichen Händedruck Ihnen beiden von Ihrem grauen Reiter Franz Marc.«

Mit Kochel und seinem Umland war der am 8. Februar 1880 in München geborene Marc in besonderer Weise verbunden, da seine Eltern ihn schon in früher Jugend auf ihren Wanderungen durch das Voralpenland mitgenommen und dabei mit Vorliebe die abwechslungsreiche Gegend um Kochel und die Vorberge durchstreift hatten.
So war es nichts Ungewöhnliches, daß Franz Marc schon bald nachdem er sich 1900 entschlossen hatte, Maler zu werden, auch nach Kochel fand, um diese Landschaft mit den Augen des Künstlers neu zu entdecken. Zunächst war es vor allem die *Staffelalm* am Rabenkopf, einem westlichen Ausläufer der Benediktenwand, auf die er sich im Sommer 1902 zur Arbeit zurückzog und die er wiederholt aufsuchte, so 1905, 1906 und 1908, wobei er der Sennerin sogar den Herd bemalte. Im Herbst des Jahres 1908, das auch den eigentlichen Durchbruch zu persönlicher Form brachte, unternahm Franz Marc mit seiner zukünftigen Frau Maria Franck verschiedene Ausflüge, um ein Domizil für den kommenden Sommer zu suchen. Ihre Wahl fiel schließlich auf ein Landhaus im rustikalen Stil, das sie in Sindelsdorf, am Nordrand des Kochelseemoores zwischen Bichl und Habach gelegen, ausfindig gemacht hatten und wo sie nun bis 1914 leben sollten. Von hier zog er dann in sein eigenes Haus nach Ried, zwischen Benediktbeuern und Kochel.
Am 4. Juli 1986 wurde in Kochel, als eine Einrichtung der »Franz-Marc-Stiftung«, das Franz-Marc-Museum mit einem Festvortrag von Klaus Lankheit eröffnet. Diese Stiftung wurde 1985 von der Gemeinde Kochel, den Bayerischen Staatsgemäldesammlungen, dem Nachlaßverwalter und den Erben des Künstlers gegründet.
Herrlich inmitten eines Parks hoch über dem Kochelsee liegt das Museum in dem ehemaligen Landhaus Heckert auf dem Rothenberg.
In sieben Räumen werden Gemälde, Zeichnungen, Holzschnitte sowie Skulpturen von Marc, aber auch Werke von Kandinsky, Münter, Werefkin, Macke und Erbslöh gezeigt. Ausgestellt von Marc sind u. a. Bilder wie »Hocken im Schnee«, »Zwei Frauen am Berg«, »Kleines Pferdebild«, »Die roten Rehe«, »Springendes Pferd«, »Die drei Pferde« und aus seiner letzten Schaffenszeit »Komposition IV«. Als Besonderheit zu erwähnen ist im Raum IV der Probedruck des Titelholzschnittes für den berühmten Almanach »Der Blaue Reiter« von Kandinsky mit einer Widmung an Marc.
Wegen der Fülle der Eindrücke und der umfassenden Information, gehört ein Besuch dieses wunderschönen Museums zu den absoluten Höhepunkten im »Blauen Land«.

Kommt man an einem Vorfrühlingstag über die Kesselbergstraße an den *Walchensee,* so findet man seinen Wasserspiegel weit unter jener Höhe, die er im Sommer erreicht. Bis zu sechseinhalb Meter wird er in den wasserarmen Wintermonaten durch Ableitung zu dem zweihundert Meter tiefer gelegenen Walchensee-kraftwerk am Kochelsee abgesenkt, um der Stromerzeugung zu dienen. Aus dem trockenen Sand- und Kiesbett am Rand des Sees ragen dann die Steinwälle und dicken Holzpfähle, eingerammt zum Schutz der Ufer vor sommerlichen Stürmen und Überschwemmungen, und verleihen der Landschaft ein gespenstisches Aussehen. Es ist die Zeit der Fischer. Auf dem stillen Wasser ziehen sie ihre Netze ein oder warten geduldig, daß der See ihnen einen Anteil seines Fischreichtums schenkt. Drüben liegt die grüne Insel Sassau, das Massiv des Herzogstandes säumt das Ufer, sein Spiegelbild ruht im unbewegten dunklen Wasser.

»Die traurig schöne Perle der Berge« nannte Karl Stieler den Walchensee. Und er fuhr fort: »Weithin öffnet sich die Flut und dennoch erscheint sie eingeschlossen, gefangen – spielendes Sonnenlicht verklärt die Fläche und dennoch ist sie düster. Und wenn auch der schwarze Spiegel in regungsloser Ruhe liegt, so ist doch eine Leidenschaft in seinen Zügen, die das Gemüt des Wanderers erschreckt.«

Fährt man von Niedernach am südlichen Seeufer entlang, kommt man zu dem ehemaligen Forsthaus Altlach. Wie in der Zeit, als Ludwig II. seine Minister zur Erledigung unerläßlicher Staatsgeschäfte in die Berge rief, steht es inmitten einer großen Wiese am Ufer des Sees. Von Altlach aus schauen wir hinüber auf das jenseitige Ostufer.

Davor erkennen wir die kleine Insel Sassau, auf die im Schwedenkrieg der Abt von Benediktbeuern floh, um die wertvollsten Kirchenschätze vor dem Feind in Sicherheit zu bringen.

Das aus einer Tafernwirtschaft von 1048 hervorgegangene, 1602, als der Fuhrverkehr über den Kesselberg zunahm, umfangreich umgebaute, 1691 zur Thurn- und Taxisschen Poststation avancierte historische »Hotel zur Post« ist zusammen mit seiner Terrasse am See der Spitzhacke zum Opfer gefallen. Als »Seehotel zur Post« mit angeschlossenem Komplex von Ferienappartements ist es 1984 wiedererstanden.

Von der Terrasse des heutigen Berggasthauses auf dem *Herzogstand* (1731 m) öffnet sich ein Panorama von unvergeßlicher Einmaligkeit. Tief unten liegt opalgrün der Walchensee, aus seinem waldumsäumten Ufer ragt die Halbinsel Zwergern mit Sankt Margareth und dem Klösterl, dahinter sieht man den Hochkopf, und über ihm erheben sich die Schrofen des Karwendel und der Wettersteinkette. Zwischen ihnen tauchen in weiter Ferne Arnspitze und Stubaier Alpen auf. Das grüne Tal von Krün ist sichtbar, und man ahnt im Taleinschnitt zwischen Hochkopf und Karwendel das Isartal, das der Fluß einst mit wilder Kraft durchzog, ehe er durch den Aderlaß zum Walchensee ein kümmerliches Rinnsal wurde. Im Gegensatz zu diesem hochalpinen Panorama – und gerade dadurch besonders eindrucksvoll – eröffnet ein kurzer Weg etwas bergauf einen unendlich weiten Blick nach Norden bis hin zum Starnberger See. Eine an sich nicht schwierige, aber doch manchen nicht ganz Schwindelfreien abhaltende Gratwanderung führt hinüber zum etwas höheren *Heimgarten* (1790 m). Von dort kann man direkt zur Talstation absteigen, aber auch hinaus ins Loisachtal nach Eschenlohe und Ohlstadt wandern.

In *Urfeld* steht im Wald versteckt das Häuschen des Malers Lovis Corinth, zu dem eine Straße hinaufführt. Sieben Jahre, von 1918 bis zu seinem Tod 1925, kam er hierher in allen seinen Ferien, zu allen Jahreszeiten, auch zu Weihnachten.

»... eine unerschöpfliche Quelle der Inspiration« war für ihn der Walchensee, erinnert sich seine Witwe. Und Ludwig Justi: »Am Walchensee ... entstand eine große Zahl von Landschaften, die an Freiheit, Leuchtkraft und Empfindung zum Herrlichsten gehören, das er geschaffen hat.«
Den weitgereisten, berühmten Mann ließ diese Landschaft nicht mehr los, sie wurde »zum Übermittler aller Empfindungen, zu denen Corinth auf der Höhe seiner Kunst überhaupt fähig ist. Die in ihm wohnenden Kräfte befreien sich auf eine ihn selbst oft verblüffende Weise ohne daß er etwas ergrübeln müßte. Wie im Sturm kommt hier immer neue Schaffenskraft über ihn, reine Freude am Malen« (Horst Keller). »In diesem seinem letzten Lebensabschnitt hat Corinth ungefähr zweihundertfünfzig Ölbilder gemalt... Daß allein sechzig davon den Walchensee verherrlichen, zeigt, was dieser ihm bedeutet hat. Der Walchensee bot auch die Motive zu zahlreichen Radierungen – insbesondere zu drei Zyklen in kleinem, mittlerem und großem Format – und zu einem lithographischen Mappenwerk.«

Genau in denselben Jahren 1918 bis 1925, da Corinth hier lebte, wurde im Zusammenhang mit dem Bau des Walchenseekraftwerks von Urfeld durch den Kesselberg und fast unter dem Corinthschen Grundstück hindurch ein 1200 Meter langer Stollen zu dem Wasserschloß jenseits des Passes vorgetrieben. Von hier wird das dem Walchensee entzogene Wasser in sechs über der Erde liegenden Rohren von je 2,25 bis 1,20 Meter Durchmesser zu dem 183 Meter tiefer gelegenen Kraftwerk hinuntergeleitet.
Am 24. Januar 1924 konnte zum erstenmal Walchenseewasser eine Turbine treiben. Die in die Geschichte der Technik als wegweisend eingegangene Meisterleistung war gelungen. Und das in einer Zeit mit aus heutiger Sicht unvollkommenen technischen Hilfsmitteln und in schwierigster Wirtschaftslage mitten in der Inflation – im November 1923 stand der Dollar auf sage und schreibe vier Billionen Reichsmark! Weder wurde die Landschaft »verschandelt« noch durch Wasserkatastrophen verwüstet, wie die Bevölkerung befürchtete.

Wir verlassen nun wieder den See, fahren den Kesselberg herunter und genießen dabei nochmals einen herrlichen Blick auf unser nächstes Ziel, das weite Land um Schlehdorf und Benediktbeuern.
Ganz anders als die meist im Zentrum ihres Dorfes die einfache Frömmigkeit seiner Bewohner dokumentierenden Gotteshäuser, die wir bisher besucht haben, präsentiert sich das ehemalige Augustinerchorherrenstift *Schlehdorf*. Streng und imposant steht es hoch über der Straße und blickt über den Kochelsee hinüber zu den Höhen des Herzogstandes. Eine Freitreppe führt hinauf zu dem schweren, eisenbeschlagenen Portal der zwischen 1727 und 1780 erbauten Klosterkirche Sankt Tertulin.
Über die Geschichte Schlehdorfs gibt Pater Karl Meichelbeck in seinem »Chronicon Benedictoburanum« Aufschluß. Danach wurde das Kloster in der ersten Hälfte des 8. Jahrhunderts von Landfrid, einem der drei Gründerbrüder Benediktbeuerns, zu Ehren des heiligen Dionysius ins Leben gerufen und soll von Bonifatius selbst geweiht worden sein. 772 übersiedelte das neun Jahre zuvor gegründete Scharnitzer Kloster hierher. Es brachte als Morgengabe die Gebeine des heiligen Tertulin und die auch von Herzog Tassillo III. geschenkte Tiroler Besitzung Innichen. Nachdem Abt Otto von Schlehdorf 783 Bischof

Inmitten eines herrlichen Parks liegt das Franz-Marc-Museum auf dem Rothenberg.

Franz Marc war ab 1902 öfters zu Malstudien auf der Staffelalm unterhalb des Rabenkopfs. Unter zehn Kalkanstrichen fand man hier von Franz Marc an die Wand gezeichnete Tierskizzen (Hirsche und Stierkopf), freigelegt 1993 von einem Mitarbeiter des Landesamts für Denkmalschutz. (Bild rechts)

von Freising geworden war und Schlehdorf zum bischöflichen Eigenkloster gemacht hatte, blieb Innichen bis 1803 in unmittelbarem Besitz Freisings.

Nach dem Schicksalsschlag der Säkularisation kauften 1892 die Dominikanerinnen von Augsburg die Konventgebäude und bauten den 1718 geplanten, aber nicht mehr zur Ausführung gekommenen Nordtrakt aus. In vorbildlicher Weise verwalten sie die Gebäude, in denen seit 1902 eine Ausbildungsstätte untergebracht ist, welche die Kräfte für die Missionsaufgaben der Dominikanerinnen in der Dritten Welt, vor allem in Afrika, heranzieht.

In Ried, das wir kurz vor Benediktbeuern liegen sehen, können wir dann abbiegen, um am Franz-Marc-Weg das Haus des Malers, in dem dieser nach seinem Wegzug aus Sindelsdorf lebte, wenigstens von außen zu sehen, denn als Stiftungseigentum ist es innen nicht zu besichtigen. Hier wohnte Maria Marc, die Witwe des Künstlers, bis zu ihrem Tode 1955.

Die Loisach verläßt hier den Kochelsee. In der Bildmitte der Heimgarten und rechts davon der Rötelstein.

Auch der Kochelsee kennt eine stille Jahreszeit. Im Hintergrund links der Rabenkopf. (Bild rechts)

Sankt Michael, die Pfarrkirche von Kochel. Auf dem angrenzenden Friedhof findet man das Grab von Franz Marc.

Hier lohnt sich ein Verweilen – im Park der Georg-von-Vollmar-Akademie mit Blick auf den Kochelsee. (Bild rechts)

Der Kochelsee. Sogar Johann Wolfgang von Goethe hielt an seinen Ufern inne und skizzierte über das Wasser Herzogstand und Heimgarten.

Weit ins Land reicht der Blick vom Rabenkopf. In der Bildmitte Benediktbeuern, davor Ried. Ganz hinten, fast in den Wolken, liegt Penzberg.

Von der kurvenreichen Kesselbergstraße herab sieht man den Kochelsee. Dahinter das Kloster Schlehdorf. Links oben auf dem Hang das Freilichtmuseum an der Glentleiten.

Dies Panorama ist der Lohn für einen Aufstieg zum Jochberg. Unten der Walchensee mit der Insel Sassau und im Hintergrund die Nordwände des Karwendels.

Etwas schwindelfrei sollte man schon sein bei einer Gratwanderung vom Heimgarten hinüber zum Herzogstand.
Unten der Kochelsee und das Kocheler Moor.

Auf der Loisachbrücke zwischen Kochel und Benediktbeuern. Nicht immer ist es so ruhig im Moor . . .

denn mächtig stürmt von den Bergen herab der trockene Fallwind aus dem Süden. Föhnsturm am Eichsee.

Winter am Höllsee mit der Benedikten-wand und rechts dem Rabenkopf.

Landschaft mit dem typischen Bewuchs des Kocheler Moors. (Bild rechts)

Am Rande des Moors herrlich blühende Loisachwiesen bei Kochel.

Das Kloster Schlehdorf präsentiert sich mit seiner imposanten Fassade zu Füßen des Herzogstands. (Bild rechts)

Eingebettet in eine stimmungsvolle Landschaft liegen Schlehdorf und sein Kloster.

Benediktbeuern und Bichl

Das älteste Kloster in Bayern – Die Anastasiakapelle – Die Leonhardifahrt – Das »Mathematisch-mechanische Institut« von Josef Fraunhofer – Der heilige Georg von J. B. Straub in Bichl

Benediktbeuern liegt köstlich und überrascht beim ersten Anblick. In einer fruchtbaren Fläche ein lang und breites weißes Gebäude und ein breiter, hoher Felsrücken dahinter.« Mit diesen Worten hat Goethe im Vorbeifahren seinen Eindruck vom großen Klosterareal zu Füßen der Benediktenwand umrissen, einen Eindruck, der auch heute noch durchaus gültig ist.

739/740 von den Huosi gestiftet, ist Benediktbeuern das älteste Kloster Bayerns. Der heilige Bonifatius weihte seine erste Kirche. Von seinen Gründern mit reichem Grundbesitz ausgestattet, war der Rodungsarbeit seiner Mönche, der Bodenkultivierung und Kolonisierung zwar 955 durch die Ungarneinfälle, denen der Abt und der größte Teil des Konvents zum Opfer fielen, ein jähes Ende bereitet worden. Doch das Kloster erholte sich bald. Besonders, als 1031 auf Ansuchen Augsburgs – Benediktbeuern war um das Jahr 800 zum Bistum Augsburg gekommen – der berühmte Tegernseer Abt Ellinger mit zwölf Mönchen zur Reorganisation des Klosterlebens nach Benediktbeuern zog, kehrte neues Leben in die Klostermauern ein. Unter dem von ihm eingesetzten Abt Gothelm (1032–1062) wurden eine neue Kirche gebaut, eine Bibliothek eingerichtet und eine Schule ins Leben gerufen. Benediktbeuern blühte auf.

1248 reichsunmittelbar geworden, erhielten die Äbte Ortolf II. (1271–1283) und Heinrich III. (1283–1289) die Reichsfürstenwürde; 1277 hatte der Papst den Äbten das Recht der Pontifikalien erteilt. Im 14. Jahrhundert, zur Zeit Kaiser Ludwigs des Bayern, des Gründers von Ettal, kam das Kloster im Zuge der Hausmachtpolitik des Kaisers unter die Oberhoheit des bayerischen Landesherrn, bewahrte jedoch für sein Klostergericht, das sich von der Jachenau bis vor Königsdorf erstreckte, eine bedeutende Rechtsstellung, die es bis zur Säkularisation 1803 behielt.

Am 19. Mai 1632, im Dreißigjährigen Krieg, kamen die Schweden, raubten das Kloster aus und ermordeten den zurückgebliebenen Prior Pater Simon. Seinen größten Schatz, die Armspindel des heiligen Benedikt, hatte der Abt mit anderen Kostbarkeiten auf die Insel Sassau im Walchensee retten können. Diese von Karl dem Großen geschenkte Reliquie hatte Benediktbeuern zu dem bedeutendsten Kultort des abendländi-

Ein Höhepunkt im Jahreslauf ist für Benediktbeuern die Leonhardifahrt. Prächtig geschmückte Gespanne halten Einzug in den Klosterhof.

schen Mönchsvaters in deutschen Landen gemacht. Aus seinem ursprünglichen Namen »Buron« wurde »Benedictoburanum«, schließlich Benediktbeuern, und der höchste Berg der Umgebung (1801 m) erhielt den Namen Benediktenwand.

In den benachbarten Bergen und den weitausgedehnten Wäldern mit reichem Wildbestand aller Art stand dem Kloster das Jagdrecht zu. Es vergab die Jagd auf Raubvögel an seine adeligen Ministerialen. Unter den vielen passionierten Jagdgästen Benediktbeuerns war auch Kurfürst Max Emanuel, der 1688 zur Biberjagd hierher kam. Nicht selten jedoch richteten noch bis zum Jahre 1675 Wölfe und Bären großen Schaden in den Herden an.

In den ersten zwei Jahrhunderten seines auf die Gründungszeit zurückgehenden Südtiroler Besitzes war Benediktbeuern auf den mühseligen Transport seines Weines in von Saumtieren getragenen Ziegenschläuchen angewiesen gewesen. Denn von der großen Handelsstraße aus dem Süden führte ab Mittenwald nur eine einzige direkte Verbindung auf einem Saumpfad über Wallgau am Ufer des Walchensees entlang nach Urfeld, von dort die Schluchten des Kesselbergs hinunter zum Kochelsee und weiter nach Benediktbeuern. Da kam Ende des 15. Jahrhunderts ein Münchner Ratsherr, Heinrich Barth, mit einem Vorschlag: Er hatte mit Erlaubnis des sich wahrscheinlich Gewinn erhoffenden Klosters in jener Gegend ziemlich erfolglos nach Metallen gegraben. Die dabei erworbene genaue Kenntnis des Terrains hatte ihn auf den Gedanken gebracht, daß sich der alte Saumpfad zu einer Fahrstraße ausbauen ließe. Der Abt von Benediktbeuern ging sogleich darauf ein, und auch Herzog Albrecht IV. stimmte diesem Plan zu, denn er versprach eine erhebliche Kürzung der Verbindung seiner Hauptstadt mit dem Süden.

Aus der Reihe der bedeutenden Äbte Benediktbeuerns seien hier besonders hervorgehoben Eliland II. (1690–1707) und Karl Klokker (1796–1803). Ersterer wurde 1698 zum Generalabt der bayerischen Benediktinerkongregation gewählt; Karl Klocker war vor seiner Wahl zum Abt von Benediktbeuern Privatdozent für Kirchenrecht an der Universität Ingolstadt und Professor dieser Fakultät an der Reichskanzlei zu Regensburg. Für das Klosterseminar wurden die besten Lehrkräfte herangezogen; aus der Reihe seiner Schüler gingen namhafte Gelehrte hervor.

Nachdem Benediktbeuerns *Klosterkirche* bereits dreimal abgebrannt war, suchte 1490 abermals ein verheerender Brand Kirche und Kloster heim. Ebenso wie nach den vorhergehenden Katastrophen wurde unverdrossen wieder aufgebaut. 1494 standen die Kirche, 1498 das Kloster – schöner und prächtiger als je zuvor – und es konnte im Jahre 1500 Kaiser Maximilian I. als Gast in seinen Mauern aufnehmen. Es folgte die Baulust der Barockzeit. In den Jahren zwischen 1669 und 1675 wuchsen – zum Teil unter Benutzung mittelalterlicher Bausubstanz – die Klostertrakte empor, und 1681 bis 1685 folgte die Kirche, deren Türme bereits 1672 erneuert worden waren. Breit, tief verwurzelt in jahrhundertelanger Tradition, lagert der mächtige Komplex des Klosters in den satten Wiesengründen. Sein Gotteshaus bleibt im Schema mittelalterlicher Wandpfeilerkirchen, und die seinen Innenraum überziehende schwere Stuckdekoration bringt dem Klosterpatron, dem heiligen Benedikt, Früchte des heimatlichen Bodens dar.

In der Mitte des weiten, auf drei Seiten von einem breitgewölbten Kreuzgang, auf der vierten von der Eingangsfassade der Kirche und dem anschließenden Konventgebäude umgebenen Innenhofes der Klosteranlage plätschert leise ein Brunnen. Beeindruckt von der friedlichen Stille dieses gepflegten, wohlerhaltenen, auf älteste geistliche Tradition im bayerischen Lande zurückgehenden Komplexes betrachtet man die das Kirchenportal umrahmende, wuchtig gemalte Barock-Architektur, darüber den schwungvollen Giebel des Gotteshauses, hinter dem die beiden Zwiebeltürme hervorlugen.

Vielleicht sind sich manche Besucher nicht bewußt, welche Fülle von historischen, kultur- und kunstgeschichtlichen Zeugnissen aus allen Jahrhunderten hier zu finden ist. Da gibt es einen Schmuckfußboden der Basilika des 12. Jahrhunderts mit den in Inkrustationstechnik eingeritzten Bildnissen des heiligen Benedikt und der beiden Klostergründer Landfried und Eliland, die 1970 bei Grabungsarbeiten unter dem Niveau des heutigen Fußbodens entdeckt wurden. Da ist der auf die romanische Zeit zurückgehende Kreuzgang, dessen Gewölberippen später durch Stuckleisten im Renaissancestil ersetzt wurden, in seiner Südostecke das ehemalige Refektorium mit einer flachen holzgeschnitzten Decke von 1493, eine seltene, kulturhistorisch besonders wertvolle Arbeit. Über romanischen Grundmauern und Gewölben steht das von 1669 bis 1675 von Kaspar Feichtmayr erbaute Konventgebäude mit dem »Alten Festsaal«, dessen Stuck ebenfalls Feichtmayr schuf. Zwischen den durch Renaissanceleisten geteilten, in dem niedrigen Raum besonders schwer wirkenden Dekkenstuck ist ein Bilderzyklus frühbarocker Dekkenmalerei eingefügt. Sein in Öl auf Leinwand gemaltes zentrales Programm, ein allegorischer Trionfo im Mittelbild und vier Elementbilder in den Ecken, hält sich eng an radierte Illustrationen einer 1664 in Dillingen erschienenen Dissertation zweier Freiherrn von Taxis mit dem Titel: »Philosophia sacroprofana logicam, physicam et metaphysicam disputationem complexa«. Das Mittelbild wird dem aus der Jachenau stammenden Münchner Hofmaler Kaspar Amort d. Ä. zugeschrieben, während die Schöpfer der anderen Bilder nicht bekannt sind. Unter ihnen ist der in die seitlichen Schrägen der Decke eingefügte Jahreszeitenzyklus als »Fundgrube in volkskundlicher und kulturgeschichtlicher Hinsicht« besonders interessant.

Und weiter ist von den 1683/84 entstandenen frühbarocken Deckenfresken des Johann Georg Asam (1649–1711) – dessen Sohn Cosmas Damian übrigens 1686 hier geboren wurde – in der von Kaspar Feichtmayr (1639–1704) erbauten Klosterkirche über die eher noch barocke Stukkierung des ehemaligen Bibliotheksaales (jetzt Refektorium) von Johann Baptist Zimmermann (1680–1758) und das leichtbeschwingte, anmutige Rokoko des rund zehn Jahre später ebenfalls von Zimmermann stuckierten und freskierten »Neuen Festsaales«, (jetzt Hauskapelle) mit der 1751 bis 1758 erbauten *Anastasiakapelle* der Höhepunkt dieser letzten Bauperiode Benediktbeuerns erreicht. Hier vereinigen sich große Meister: Johann Michael Fischer (1692–1766) erbaute den lichten ovalen Raum, Michael Feichtmayr (1709–1772) schuf seine Wandgliederung, den Rocaille-Stuck, den Hochaltar mit seinem plastischen Schmuck, Johann Jakob Zeiller (1710–1783) das Deckenfresko mit der Aufnahme der heiligen Anastasia in den Himmel. Und schließlich vollendete kein Geringerer als Ignaz Günther (1725–1775) die Ausstattung der Kapelle mit Entwürfen zu den beiden Seitenaltären, deren plastischen Schmuck er selbst geschnitzt haben soll.

Der riesige Ökonomiekomplex Benediktbeuerns ist das größte geschlossene Wirtschaftsgebäude der Barockzeit in Bayern und in Österreich und steht heute unter Denkmalschutz. Es wurde

1708 bis 1718 nach Plänen des aus Uffing stammenden und in Bichl wohnhaften Michael Ötschmann errichtet. Seine zum größten Teil auf mächtigen korbbogigen Kreuzgratgewölben stehenden und außergewöhnlich langen vier Flügel umschließen einen riesigen Innenhof. In der Mitte des Südtrakts springt der ehemals als Wohngebäude dienende breite, hochgiebelige Meierhof vor – ein imposanter Komplex, dessen Erhaltung aber große Probleme aufwirft. Zwar versuchten die Salesianer Don Boscos, nachdem sie 1930 die Klostergebäude übernommen hatten, den landwirtschaftlichen Betrieb aufrechtzuerhalten. Sie errichteten 1956/57 sogar eine Biogasanlage, die als frühes Beispiel für umweltfreundliche Energiegewinnung von sich reden machte. Doch 1979 mußten sie aufgeben.

In allen Wechselfällen seiner Geschichte war Benediktbeuern ein Zentrum des Glaubens; getreu der Regel des heiligen Benedikt hatte es in unermüdlicher Arbeit der Kolonisierung der ihm anvertrauten Gebiete, der Pflege von Bildung, Wissenschaft und Kunst, der Hilfe für Kranke und Notleidende gedient. Alledem machte die Säkularisation ein Ende. Seine vierzigtausend Bände umfassende Bibliothek mit kostbaren Schriften des 8. bis 14. Jahrhunderts wurde in alle Winde zerstreut, die wertvollsten Handschriften und Druckwerke gelangten in die Bayerische Staatsbibliothek nach München.

Darunter befand sich auch eine Pergamenthandschrift des 13. Jahrhunderts mit Trink-, Spieler- und Vagantenliedern, ungemein zarten, aber auch derben Liebesliedern sowie mit moralisch-satirischen Dichtungen und geistlichen Schauspielen, die nicht nur eine Offenbarung für die Germanisten waren, sondern inzwischen sowohl in die Literatur- als auch Musikgeschichte eingegangen sind: die nachmals nach ihrem Aufbewahrungs- und Fundort benannten ›Carmina Burana‹. Dieses wohl stärkste und populärste Werk Carl Orffs ist in einem genialen Wurf im Jahre 1936 entstanden und verbindet eine Auswahl von Freß-, Sauf- und Minneliedern mit Musik, Tanz und Szenen zu einer harmonischen Einheit.

Ähnlich wie die Bibliothek wurde auch die Gemäldegalerie aufgelöst und der beträchtliche Grundbesitz vom Staat an einen kurfürstlichen Kassierer verkauft. Doch glücklicherweise entging der Komplex der Klostergebäude dem Abbruch. Ein Glücksfall, der uns eine bis in früheste Zeiten ihrer Gründung zurückgehende Klosteranlage unversehrt vor Augen führt.

Zu verdanken ist er einem ungewöhnlichen Mann, dem 1763 geborenen neunten Kind des Landwirtes Andreas Utzschneider in Rieden am Staffelsee, Josef Utzschneider. Mit fünfzehn Jahren bereits Geheimschreiber der Herzogin Maria Anna, brachte er es einundzwanzigjährig zum Hofkammerrat und wurde im Laufe seines Lebens in den verschiedensten Staatsstellungen mit unzähligen Aufgaben betraut, deren Aufzählung ganze Seiten füllen würde. 1804 erwarb er Benediktbeuern in der Absicht, hier ein ›Mathematisch-mechanisches Institut‹ zu gründen, doch es fehlte dringend ein Optiker. Utzschneider erinnerte sich an einen Glaserlehrling, dem er unter dramatischen Umständen begegnet war, als er in einer Münchner Gasse an einem eben eingestürzten Haus vorbeikam und der Bub gerade, wunderbarerweise noch lebend, aus den Trümmern gezogen wurde. Seitdem hatte er diesen talentierten und ehrgeizigen Josef Fraunhofer mit mathematischen und optischen Lehrbüchern unterstützt und zu seiner Weiterbildung der Obhut

des ihm befreundeten Professors für Astronomie an dem Münchner mathematisch-optischen Institut, Ulrich Schiegg, anvertraut.
1809 wurde der zweiundzwanzigjährige junge Mann mit der Leitung der 1807 nach Benediktbeuern verlegten optischen Abteilung des Utzschneiderschen Instituts betraut. Die in dem ehemaligen Waschhaus des Klosters eingerichtete Glashütte ist heute als ›Gedenkstätte für Josef Fraunhofer‹ zu besichtigen. Dort kann man sich über alle Details der damals so primitiven Glasherstellung, der Rohstoffbeschaffung und natürlich der Arbeit Fraunhofers von der Glasschmelze bis zur fertigen Optik und ihrer wissenschaftlichen Anwendung orientieren. Das ›Mathematisch-mechanische Institut‹, das internationale Koryphäen wie Karl Friedrich Gauß, William Herschel oder Henry Fox Talbot, einer der Väter der Fotografie, besucht hatten, kehrte 1819 wieder nach München zurück, während die Glashütte in Benediktbeuern verblieb, da sie von einer nahen Sandgrube günstig den notwendigen Quarzsand beziehen konnte.
1818 hatte der Staat das Kloster mit allen Besitzungen, mit Ausnahme der Glashütte, zurückgekauft. Benediktbeuern wurde Kaserne, Invalidenhaus, Militärfohlenhof, bis 1930 die Salesianer Don Boscos die gesamte Anlage übernahmen. Diese in den Jahren 1857–59 von Johannes Bosco (1815–1888) gegründete Erzieher- und Priestergemeinschaft gab dem Kloster eine neue, die alte Tradition fortführende Bestimmung.
In Benediktbeuern sind heute die Philosophisch-theologische Hochschule der Salesianer Don Boscos, ein Aktionszentrum für pastorale Jugendarbeit, eine Fachhochschule für Sozialwesen, eine Volksbücherei, ein Studentenwohnheim und eine Jugendherberge untergebracht.
Im Sommer werden in der Kirche und im Barocksaal Konzerte veranstaltet, und am 6. November, wenn er auf einen Sonntag fällt, oder am folgenden Sonntag eines jeden Jahres zieht festlich geschmückt die *Leonhardifahrt* mit ihren Rossen zur Segnung in das weite Geviert des Innenhofes vor der Kirche.
Die wunderschönen Trachten der einheimischen Bevölkerung, die herausgeputzten Pferde und Gespanne und das Brausen der Orgel aus der Kirche gibt dabei dem Ganzen eine überaus feierliche Atmosphäre.

In *Bichl*, unserer nächsten Station, steht auf dem Berg des heiligen Georg eine der schönsten bayerischen Dorfkirchen. Johann Michael Fischer hat sie gebaut, zur selben Zeit, als er das Juwel der Anastasia-Kapelle in Benediktbeuern schuf. 1751 wurde nach Abbruch des alten, auf das 12. Jahrhundert zurückgehenden, baufällig gewordenen Gotteshauses der Grundstein zur neuen Pfarrkirche gelegt, 1753 war der Bau vollendet, 1758 erfolgte die Weihe. An dieser Stelle stand wahrscheinlich schon in der Rodungszeit eine Sankt-Georgs-Kapelle, die nach der Überlieferung als »Verdrängungspatrozinium eines vorchristlichen Kultes« dem heiligen Georg als siegreichem Kämpfer für das Reich Gottes errichtet worden war. Auf dem Hochaltar Johann Baptist Straubs in der neuen Kirche ist er hoch zu Roß drachentötend zu sehen. Gemalter Stuck von täuschender Plastizität umrahmt die Fresken Johann Jakob Zeillers in der flachen Hängekuppel des Hauptraumes (Martyrium Sankt Georgs, der im Ornat eines bayerischen Georgiritters erscheint) und im Chorgewölbe.
Umgeben von den geschmackvoll gepflegten Gräbern des kleinen Friedhofs blickt das Bichler Gotteshaus über das weite Land auf Heimgarten und Herzogstand, ja bis zu Laber und Ettaler Mandl reicht der Blick.

»Benediktbeuern liegt köstlich und überrascht beim ersten Anblick«, schrieb Johann Wolfgang von Goethe bei seiner Durchreise auf dem Weg nach Italien.

Detail aus der gemalten Portalarchitektur über der Klosterpforte von Benediktbeuern. Im Medaillon ist das Kloster im Schutze Marias abgebildet.

Deckenfresko in der Anastasiakapelle von J. J. Zeiller mit der Aufnahme der heiligen Anastasia in den Himmel.

Mit Trachten, Wagen und Pferden werden bei der Leonhardifahrt jahrhundertealte Traditionen wieder lebendig.

Ob jung oder alt – es ist die feierliche und fröhliche Atmosphäre, die die Wallfahrer immer wieder an der Leonhardifahrt teilnehmen läßt.

Die Leonhardifahrten gehören zum besten oberbayerischen Brauchtum und dokumentieren Dank und Zuneigung zur Kreatur.

Der heilige Georg von Johann Baptist Straub in der Kirche von Bichl.

Entlang der Loisach bei Benediktbeuern findet man noch viele einsame Wege zum Wandern. (Bild rechts)

Sindelsdorf – auf den Spuren von Franz Marc

Ein Dorf in der Kunstgeschichte – Künstlerbesuche in Sindelsdorf – Erinnerung an einen berühmten Gast

Heute sah ich zufällig einen Atlas an, suchte mein Kochel und fand sogar Ried darauf! Mein Herz klopfte! Dann fand ich Sindelsdorf – Aidling, Riegsee – Murnau: Ich erschrak, wie fern das klang! Zeiten, in denen man friedlich zu einem Zeitgenossen wie Kandinsky über die Hügel pilgerte! ...«

Diesen Text schrieb Franz Marc im Oktober 1914 in einem Feldpostbrief an seine Frau. Deutlich spürt man hier die Verbundenheit und Sehnsucht zu dieser Gegend, die er stets »das Blaue Land« nannte. Denn sieht man über das Loisachmoor zwischen *Sindelsdorf* und Benediktbeuern gegen die Berge im Süden, so liegt oft im Gegenlicht ein blauer Dunst über allem. »Blau ist die einzige Farbe, bei der ich mich dauernd wohl fühle«, schrieb Marc in einem seiner weiteren Briefe.

1909 löste Marc sich von München und zog in das malerische Voralpendorf Sindelsdorf, wo er dann in den nachfolgenden Jahren zu jener Meisterschaft reifte, die ihm einen bedeutenden Rang in der Kunstgeschichte zuweist. Hier in Sindelsdorf entstanden u. a. so berühmte Bilder wie »Der Turm der blauen Pferde« (es gilt als eines der Hauptwerke der deutschen Kunst des 20. Jahrhunderts, war in der Nationalgalerie in Berlin ausgestellt und ist seit Ende des Zweiten Weltkriegs verschollen), »Tierschicksale«, »Drei rote Pferde«, »Stallungen«, »Tiger« und »Weidende Pferde«. Diese Werke sind entscheidende Stationen seiner Auseinandersetzung mit der Farbe.

Marcs Ringen um die Farbe als symbolhafte Kraft dokumentieren vor allem seine zahlreichen Pferdestudien. 1908 versuchte er zum ersten Mal in einem nicht erhaltenen Bild von vier lebensgroßen Pferden seine konstruktiven Vorstellungen mit der Farbe in Verbindung zu bringen. In unermüdlichem Bemühen folgten die »Lenggrieser Pferde« genannten Studien und viele andere. Pferde und immer wieder Pferde, wobei man an die Stutenherden auf den Schwaigangerer Weiden denken muß, die vielleicht ebenfalls Anregungen zu diesen Studien gegeben haben.

Wie emotional er auf Farben ansprach und reagierte, geht aus dem folgenden Brief an seine Frau Maria hervor:

Sindelsdorf, 10. 2. 1911

»... Am andern Morgen wanderte ich zu Kandinsky! Die Stunden bei ihm gehören zu meinen

Hier in Sindelsdorf malte Franz Marc ab 1909 seine heute berühmtesten Bilder.

denkwürdigsten Erfahrungen. Er zeigt mir viel, ältere und neueste Sachen. Letztere alle ungeheuer stark; im ersten Moment fühle ich die große Wonne seiner starken, reinen, feurigen Farben, und dann beginnt das Gehirn zu arbeiten; man kommt nicht los von diesen Bildern und wenn man fühlt, daß einem der Kopf zerspringt, wenn man sie ganz auskosten will.«

Marc gibt uns auch in einem anderen Brief an seine Frau einen »farbigen Stimmungsbericht« über die unmittelbare Umgebung von Sindelsdorf:
»Liebste, Du kannst Dir kaum vorstellen, wie wunderbar schön der Winter in diesen Tagen hier ist, schleierloses Sonnenlicht und dabei den ganzen Tag Rauhreif; sehr kalt, aber von jener schönen, erfrischenden Kälte, die einen nur äußerlich, nicht innerlich frieren macht. Geht man spazieren, so ›tritt‹ man auf Weiß oder hellstes Blau, was meinem Gefühl für Farbstil direkt ungereimt und lächerlich erscheint. Kannst Du das verstehen? Gegen Abend wird es chromatischer, statt Blau, Weiß treten rosa und komplementär grünliche Töne auf, auch Violett gegen farbige Abendluft.«
Helmut Macke, der Vetter des Malers August Macke, hinterließ uns in einem Bericht Arbeits- und Lebensweise von Franz Marc in Sindelsdorf:
»Er hatte sein Atelier in der Schellingstraße aufgegeben und war nach Sindelsdorf gezogen. Dort besuchte ich ihn und war sehr überrascht, seine Bilder vollständig von der Münchner Freiluftmalerei befreit zu finden. Im Januar zog ich selbst nach Sindelsdorf heraus und wohnte bis zum März mit Marc in einem Hause. Marc führte ein sehr regelmäßiges Leben. Um halb neun, nach dem Frühstück war er auf seinem Atelier oder besser seinem Dachboden und malte genau bis zum Glockenschlag zwölf, bei dessen Schall zu gleicher Zeit auch der große weiße Schäferhund zu jaulen anfing. Spätestens halb zwei Uhr stand Marc wieder vor seiner Staffelei, auf dem zugigen Boden mit unverputzten Pfannen, auf welchem eigentlich dieselbe Temperatur herrschte wie draußen. Er war eingehüllt in einen alten schwarzen Mantel, dessen mit Persianerpelz besetzten Kragen hochgeschlagen. Unter seiner vor Kälte feuchten Nase hing als Wärmespender die Zigarette zwischen den schmalen Lippen. Aber im übrigen war er vollständig absorbiert von seiner Arbeit, denn zu dieser Zeit erfolgte der Durchbruch zu seiner eigenen Form.
Er hatte immer eine Folge von Bildern zu gleicher Zeit in Arbeit. Damals gehörte zu diesen Bildern als das Führende das jetzt im Folkwang befindliche Pferdebild. Dann und wann kam ein neues Bild hinzu, das er den Abend vorher in seinem Skizzenbuch entworfen. (Ein Skizzenbuch, das zugleich eine Art künstlerisches Tagebuch war.)
Nachmittags malte Marc bis zum Dunkelwerden. Nach dem Tee machten wir einen kleinen Gang, dann erledigte Marc seine Post und nach dem Abendbrot saß er zeichnend und spintisierend in seinem Rohrstuhl und zu dieser Stunde entstanden die meisten seiner Bildentwürfe. Oft beschäftigte er sich allerdings auch mit seinen Plastiken. Damals stand eine große weibliche Figur in Wachs immer auf seinem Modellierbock in der Ecke, die aber nie fertig wurde und die tollsten Metamorphosen durchmachte. Um zehn Uhr war Schluß des Tages.
Dieser Rhythmus wiederholte sich mit geringen Unterbrechungen und änderte sich in seiner Grundstruktur auch nicht, als seine Frau im März aus Berlin zurückkehrte. Außer seiner Vorliebe für Zigaretten, seine schönen Pfeifen mit

gutem Tabak war Marc geradezu spartanisch einfach in allem, was er sonst für sich brauchte. Er aß sehr wenig ...«

Von abendlichen Spaziergängen, die auf eine kleine Anhöhe führten und von dort, wo er sinnend die Landschaft betrachtete, berichtet uns ebenfalls Macke. Diese kleine Anhöhe, ein kurzer Fahrweg östlich von Sindelsdorf führt hinauf, bietet dem Betrachter ein großartiges und beeindruckendes Panorama.
Sieht man hier über die Loisach hinweg nach Osten, erhebt sich unmittelbar aus der Ebene Blomberg und Zwieselberg, an denen unten die Orte Bad Heilbrunn, Bichl und mit seinen Doppeltürmen Kloster Benediktbeuern liegen. Gleich daneben ist Ried. Etwas im Hintergrund baut sich darüber die felsige Benediktenwand mit etwas über 1800 m auf, hinter der sich das lange Tal der Jachenau hinzieht. Rechts davon zeigt sich nun die Glaswand, dann der Rabenkopf, gleich unterhalb des Gipfels auf der Südseite ist die von Marc so oft für Malstudien aufgesuchte Staffelalm. Hirschhörnlkopf sowie der Jochberg schließen sich an, zu deren Füßen Kochel am See liegt. Von dort herauf führt, über den tiefen Einschnitt zwischen Jochberg und dem gegenüberliegenden Herzogstand, die Kesselbergstraße. Dieser Einschnitt gewährt uns auch einen Blick auf die meist verschneiten Nordwände des Karwendels. Breit und mächtig sieht man nun aus dem Loisachmoor aufsteigend, im Süden den Riegel zwischen Herzogstand und Heimgarten. Die nach Westen über das Rauheck abfallende Wand gibt uns bei klarem Wetter nochmals einen Fernblick auf die Zugspitze frei. Rechts davon, ganz nah bei Sindelsdorf, erhebt sich der Königsbergwald und schließt damit den Rundblick ab.

Sindelsdorf war auch ein Ort der Begegnungen mit den Malerfreunden Alexej Jawlensky, Marianne von Werefkin, Adolf Erbslöh, Alexander Kanoldt, August und Helmut Macke, Heinrich Campendonk sowie Wassily Kandinsky und Gabriele Münter. Als einzige Erinnerung an diese Zeit blieb hier ein Gartenhäuschen stehen, in dem es laut Kandinsky zur Namensgebung kam:
»Den Namen ›Blauer Reiter‹ erfanden wir am Kaffeetisch in der Gartenlaube in Sindelsdorf; beide liebten wir Blau, Marc – Pferde, ich – Reiter. So kam der Name von selbst. Und der märchenhafte Kaffee von Frau Maria Marc mundete uns noch besser.«
Dieser Name wurde erst für den so berühmten Almanach gewählt und später für die ebenso berühmte Ausstellung in der Galerie Thannhauser in München übernommen.
Die Vorbereitungen zur Herausgabe des Almanachs sowie der ersten Ausstellung wurden in Sindelsdorf und Murnau in großer Eile vorangetrieben, denn der Almanach sollte ein Jahrbuch für bildende Kunst unter internationaler Beteiligung werden. Die Anregung dazu kam von Kandinsky, man gründete dafür »Die Redaktion der Blaue Reiter«, die aus Kandinsky und Marc bestand; Gabriele Münter wirkte dabei organisatorisch entscheidend mit.
Erschienen ist er dann im Mai 1912 beim Piper-Verlag in München. Franz Marc war durch den Ankauf eines Bildes von Reinhard Piper mit diesem in Kontakt gekommen, woraus sich bis zur Herausgabe eine enge Zusammenarbeit entwickelte.
Klaus Lankheit schrieb in einem Vorwort zur Neuausgabe des Almanachs: »Inzwischen hat der Band seinen Rang als die bedeutendste Programmschrift der Kunst des 20. Jahrhunderts erobert.«
Ein zweiter Band als Fortsetzung war noch in

Vorbereitung, konnte aber wegen des Beginns des Ersten Weltkriegs nicht mehr realisiert werden.
Maßgeblich gefördert hat das Erscheinen dieser Ausgabe der Fabrikant und Kunstsammler Bernhard Koehler, der auch Marc mit monatlich zweihundert Reichsmark unterstützte und sich dafür Bilder bei ihm aussuchen durfte. Diesen Herrn aus Berlin, der auch der Onkel von Mackes Ehefrau war, hat man bei seinem Besuch in Sindelsdorf noch mit dem Schlitten von der Bahnstation Penzberg abgeholt.
Der ersten Ausstellung des »Blauen Reiter« vorangegangen waren nicht mehr überbrückbare Differenzen innerhalb der »Neuen Künstlervereinigung München« bei der Bildauswahl zur nächsten Ausstellung. Auslöser war ein etwas zu großes Bild von Kandinsky, das die bereits latent vorhandenen Spannungen zwischen den Mitgliedern zum Eskalieren brachte. Marc und Kandinsky zogen sich zurück und organisierten ebenfalls bei Thannhauser, gleichzeitig mit der »Neuen Künstlervereinigung«, ihre Ausstellung, die dann auch noch in mehreren deutschen Städten gezeigt wurde.

Sindelsdorf konnte bis heute seinen ländlichen Charme bewahren und hat zur Erinnerung an seinen berühmten Gast eine Straße nach ihm benannt, und die schon erwähnte Gartenlaube kann man heute noch sehen.
Die »Städtische Galerie im Lenbachhaus« in München hat an den Ortseinfahrten Schilder aufstellen lassen, die auf den sehr lohnenswerten Besuch ihrer weithin berühmten Sammlung »Blauer Reiter« aufmerksam machen. Auch wer diese schon kennt, wird überrascht sein, wie die Wirkung der Bilder durch die neue Art der Präsentation von Galeriedirektor Helmut Friedel mit farbigen Wänden nochmals gesteigert werden konnte.
Franz Marcs Wegzug von Sindelsdorf und der Kauf eines Hauses in Ried, einem Ort zwischen Benediktbeuern und Kochel gelegen, wurde erst durch eine Erbschaft möglich. Der Umzug fand im April 1914 statt. Er lebte und arbeitete dort, bis er sich gleich bei Kriegsausbruch als Kriegsfreiwilliger meldete. Mit seinem frühen Tod während eines Erkundungsritts am 4. März 1916 bei Verdun und durch die Emigration von Kandinsky in die Schweiz und später nach Rußland begannen sich die Spuren des »lebendigen Blauen Reiter« in dieser Landschaft allmählich zu verwischen.
Über die letzte Begegnung mit Franz Marc berichtet Kandinsky: »Ich hatte noch gerade Zeit, von Murnau, meiner mehrjährigen Sommerfrische, nach Ried zu fahren. Dort zeigte mir Marc seine Rehe, die er wie eigene Kinder liebte, seine ganze Besitzung, zu der er endlich kam, sein stilles freudiges Haus. Er war Festungsartillerist, und ich dachte leichtsinnig, er würde einige Monate in einer bayerischen Festung zum Beispiel im schönen Augsburg verbringen und die Trennung würde nicht lange sein. Das sagte ich ihm, als er mich zu meinem Omnibus brachte. ›Nein‹ antwortete er, ›wir sehen uns nie mehr‹.«

*Blick aus dem Moor in
Richtung Sindelsdorf.*

Die malerische Umgebung von Sindelsdorf mit Jochberg, Karwendel, Herzogstand und Heimgarten.

Blühende Wiesen, Moore, Seen und die nahen Berge – rundum ist Malerlandschaft. (Bild rechts)

Irisblüten im Juni an der Loisach.

Diese nährstoffarmen Seen mit ihrer angrenzenden Verlandungszone sind sensible und äußerst schützenswerte Biotope.

Vor einer eindrucksvollen Bergkulisse und eingebettet in das stimmungsvolle Kocheler Moor liegt dieser Hochmoorsee.

Winter am Sindelsbach mit dem Zwieselberg im Hintergrund. Immer wieder ist das Moor durch seine hohe Luftfeuchtigkeit mit wundervollem Rauhreif überzogen.

»... Du kannst Dir kaum vorstellen, wie wunderbar schön der Winter in diesen Tagen hier ist.«

Marc in einem Brief über Sindelsdorf.

». . . schleierloses Sonnenlicht und dabei den ganzen Tag Rauhreif, sehr kalt, aber von jener schönen erfrischenden Kälte.«

Marc an seine Frau Maria über Sindelsdorf.

»Gegen Abend wird es chromatischer, statt blau weiß treten rosa und komplementär grünliche Töne auf, auch violett gegen farbige Abendluft.«

Marc über die Landschaft bei Sindelsdorf.

Herzogstand und Heimgarten über den Wolken schwebend und aus der Gegend bei Penzberg gesehen.

Mitglieder der Künstlervereinigung »Der Blaue Reiter«

Heinrich Campendonk
geboren am 3. November 1889 in Krefeld, gestorben am 9. Mai 1957 in Amsterdam

Robert Delaunay
geboren am 12. April 1885 in Paris, gestorben am 25. Oktober 1941 in Montpellier

Alexej von Jawlensky
geboren am 25. März 1864 in Torschok (Gouvernement Twer), gestorben am 15. März 1941 in Wiesbaden

Wassily Kandinsky
geboren am 4. Dezember 1866 in Moskau, gestorben am 13. Dezember 1944 in Neuilly-sur-Seine bei Paris

Paul Klee
geboren am 18. Dezember 1879 in Münchenbuchsee bei Bern, gestorben am 29. Juni 1940 in Muralto bei Locarno

Alfred Kubin
geboren am 10. April 1877 in Leitmeritz, gestorben am 20. August 1959 in Zwickledt bei Wernstein (Inn)

August Macke
geboren am 3. Januar 1887 in Meschede (Ruhr), gefallen am 26. September 1914 in Perthes-les-Hurlus (Champagne)

Franz Marc
geboren am 8. Februar 1880 in München, gefallen am 4. März 1916 bei Verdun

Gabriele Münter
geboren am 19. Februar 1877 in Berlin, gestorben am 19. Mai 1962 in Murnau

Marianne von Werefkin
geboren am 11. September 1860 in Tula, gestorben am 6. Februar 1938 in Ascona

Museen und Führungen, deren Besuch empfohlen wird:

Schloßmuseum des Marktes Murnau
Schloßhof 4 - 5
Öffnungszeiten: ganzjährig 10 - 17 Uhr, montags geschlossen. Zusätzlich von Juli - September Samstag/Sonntag bis 18 Uhr, an Feiertagen auch am Montag geöffnet.
Im Dezember geänderte Öffnungszeiten: von 1. 12. bis Weihnachten wochentags sowie am 25. 12. und Neujahr nur von 13 - 17 Uhr. Am 24. und 31. 12. geschlossen.
Führungen jeden Samstag, 14 Uhr, von Pfingsten bis Ende Oktober.

Das Münter-Haus
Murnau, Kottmüllerallee 6
Öffnungszeiten: täglich 14 - 17 Uhr. Montags geschlossen. Gruppenführungen außerhalb der offiziellen Öffnungszeiten möglich.

Verkehrsamt Murnau
Kohlgruber Straße 1, Telefon 0 88 41 - 61 41 - 0
Zweitägige Führungen »Wandern auf den Spuren des Blauen Reiters« jeweils am 1. und 3. Wochenende der Monate Mai, Juni, September und Oktober durch das Verkehrsamt Murnau. Individuelle Gruppenarrangements oder Eintagesprogramme nach Absprache möglich.
Durch das Naturschutzgebiet Murnauer Moos finden in der Saison Führungen statt. Buchungen durch das Verkehrsamt.

Franz-Marc-Museum in Kochel
Herzogstandweg 43
Öffnungszeiten: täglich 14 - 18 Uhr. Montags und am 31. 12. geschlossen. Öffnungsdauer: 1. 4. - 31. 10. sowie 25. 12. - 15. 1. An Feiertagen auch am Montag geöffnet.

Städtische Galerie im Lenbachhaus
München, Luisenstraße 33
Öffnungszeiten: ganzjährig täglich 10 - 18 Uhr. Montags geschlossen. Oster- und Pfingstmontag geöffnet. Geschlossen am Hl. Abend, Silvester und Faschingsdienstag.
Führungen zum Thema »Der Blaue Reiter« werden angeboten.

Kaulbach-Villa in Ohlstadt
Kaulbachstraße 22
Öffnungszeiten: 1. 4. - 31. 10. Mittwoch und Samstag 16 - 18 Uhr. 25. 12. - 10. 1. Samstag, 15 - 17 Uhr, mit Führung.

Freilichtmuseum des Bezirks Oberbayern an der Glentleiten
Großweil
Öffnungszeiten: April - Oktober, Dienstag - Sonntag, 9 - 18 Uhr (Einlaß bis 17 Uhr). Juli, August sowie an Feiertagen auch am Montag.

Kloster Benediktbeuern
Führungen durch das Kloster sowie Konzerte werden angeboten.

Museum für Umwelt und Kultur in Benediktbeuern
Öffnungszeiten: Montag - Freitag, 9 - 11.30 Uhr, sowie am Samstag, Sonntag und an Feiertagen von 13 - 17 Uhr.

Historische Fraunhofer-Glashütte in Benediktbeuern
Öffnungszeiten: täglich 9 - 17 Uhr.

Bayerisches Haupt- und Landgestüt Schwaiganger
Führungen von Mai - Mitte Oktober nur am Dienstag, Mittwoch und Donnerstag (nicht an Feiertagen) um 13.30 und 15 Uhr. Bei Gruppen bitte Voranmeldung.